Futuro da esquerda:
reflexões de um ex-militante

Futuro da esquerda

REFLEXÕES DE UM EX-MILITANTE

WALTER PAIXÃO

2023

FUTURO DA ESQUERDA
REFLEXÕES DE UM EX-MILITANTE

AUTOR: Walter Paixão

DIRETOR DA ALMEDINA BRASIL: Rodrigo Mentz
EDITOR: Marco Pace
EDITOR DE DESENVOLVIMENTO: Rafael Lima
ASSISTENTES EDITORIAIS: Larissa Nogueira e Letícia Gabriella Batista
ESTAGIÁRIA DE PRODUÇÃO: Laura Roberti

COORDENAÇÃO EDITORIAL: Milton Meira do Nascimento
PROJETO GRÁFICO ORIGINAL: Marcelo Girard e IMG3
FINALIZAÇÃO: Roberta Bassanetto

ISBN: 9786554270816
Maio, 2023

Dados Internacionais de Catalogação na Publicação (CIP)
(Câmara Brasileira do Livro, SP, Brasil)

Paixão, Walter
Futuro da esquerda: reflexões de um ex-militante / Walter Paixão. -- 2. ed. -- São Paulo: Edições 70, 2023.

ISBN 978-65-5427-081-6

1. Ciência política 2. Direita e esquerda (Ciênciapolítica) 3. Militância I. Título.

23-148966 CDD-320

Índices para catálogo sistemático:

1. Ciência política 320
Eliane de Freitas Leite - Bibliotecária - CRB 8/8415

Este livro segue as regras do novo Acordo Ortográfico da Língua Portuguesa (1990).

EDITORA: Almedina Brasil
Rua José Maria Lisboa, 860, Conj.131 e 132, Jardim Paulista
01423-001 São Paulo | Brasil
www.almedina.com.br

Para os que se foram sem nunca terem ido.

Sumário

Justificação

Como ex-militante de esquerda nos tempos da ditadura militar e alguém que continuou acompanhando as lutas políticas e sociais do nosso povo, tenho refletido sobre o antigo objetivo que tive (e ainda conservo) de apoiar a instalação de uma verdadeira democracia social no Brasil. Hoje descarto a ideia com a qual um dia concordei de condicionar a realização desse objetivo à construção de um poderoso partido de quadros, nos moldes leninistas. Desprezo o 'possibilismo' social-democrata, cúmplice das nossas 'elites do atraso'.

Acho que, no momento em que assumiu as teses do nacional--desenvolvimentismo e do velho populismo, negando assim as declarações socialistas que constavam de seus manifestos de fundação, o Partido dos Trabalhadores perdeu o tempo histórico que teve para iniciar a transformação das iníquas estruturas de distribuição de rendas e riquezas do país; e, como consequência, aceitou, em troca de quinquilharias, o papel de coadjuvante de um governo de direita com fachada de esquerda. Penso que o sindicalismo cristalizou-se como aglomerado de corporações burocráticas, parasitas do dinheiro público. Portanto, creio que, sem a ação de forças exógenas ao sistema político-institucional (com seus partidos, parlamentos e eleições viciadas) as mudanças que o Brasil precisa, para deixar de ostentar o título de uma das sociedades mais desiguais e injustas do planeta, não acontecerão.

Mas uma força exógena somente, ainda que necessária, não será suficiente. (Até porque, a exemplo do que acontece agora diante dos nossos olhos, uma força exógena[1] *poderá acontecer e, novamente, vir a impulsionar forças endógenas de direita, como as bolsonaristas, inimigas do Estado Social). A esquerda deve então se preparar para, no futuro, aproveitar a oportunidade a ser aberta pelo impacto provocado por uma nova força exógena (um novo 'Junho de 2013'?), apresentando à sociedade um programa objetivo de reformas, que seja alternativo ao*

---

1 Refiro-me aqui ao 'Junho de 2013' como tal 'força exógena', mas reconheço que a atribuição constitui algum exagero. Com esta expressão, Piketty refere-se mais apropriadamente a acontecimentos de proporções extraordinárias como uma guerra, diríamos até uma pandemia, capazes de provocar descontinuidades históricas.

nacional-desenvolvimentista e ao neoliberal, e que, embora sustentado principalmente pelos trabalhadores, possa ser convalidado por outros segmentos da sociedade. Para isso, digamos sem meias palavras, o mercado deverá ser tratado não como inimigo mortal da distribuição de rendas e riquezas do país, mas como parte da solução do problema, como o é a Rede Mundial de Computadores.

O importante é que a esquerda apresente, desde já, as propostas econômicas, políticas e sociais que um futuro governo, verdadeiramente comprometido com as reformas que o sistema exige, deverá começar a implementar. Estas propostas — que deverão descrever os desajustes da economia capitalista, revelando a natureza e o teor das desigualdades distributivas estruturais, responsáveis pelo brutal processo de exclusão que penaliza as nossas sociedades — já existem, solidamente justificadas. Aqui no Brasil e nas principais economias do mundo. Mas a sua incorporação, difusão e discussão são ignoradas, quando não escandalosamente escamoteadas por partidos políticos de esquerda, cujas atividades estão orientadas exclusivamente por estratégias eleitoreiras viciadas. Ou, então, por bem-intencionadas estratégias de tomada do poder, carentes, contudo, de propostas administrativas viáveis e democráticas de governo. Com este livro — reunindo artigos, crônicas e resenhas, (distribuídos em sua maioria entre amigos) — ofereço humilde contribuição para as discussões sobre os destinos da esquerda.

GRÂNDOLAS

25 de abril de 2016

Dias atrás, em encontro com profissionais da educação e estudantes secundaristas de São Paulo, o ex-presidente Lula criticava os que apoiavam o movimento de oposição ao governo Dilma e ao PT. Sugerindo que se tratava, em sua maioria, de pessoas que não gostavam de política, Lula declarava—se o oposto delas, enfatizando: "Nós gostamos de fazer política, nós temos orgulho de fazer política. Não importa o partido. Mas sem política, não há possibilidade de haver uma democracia forte".

Esta declaração de amor à política pode expressar uma verdade. Mas somente se, no caso de Lula, por política entendermos processos genéricos de busca de soluções negociadas para problemas que envolvam multiplicidade de interesses conflitantes — dos maiores aos menores. De fato, neste sentido, Lula sempre foi um aplicado 'fazedor de política'. Sua obsessão por reunir pessoas em torno de uma mesa para discutir e propor soluções a problemas comuns às partes levou-o à presidência do Sindicato dos Metalúrgicos de São Bernardo e Diadema, por dois mandatos; à presidência do Partido dos Trabalhadores e à presidência da República do Brasil, neste caso também por dois mandatos. Como chefe de governo, do qual o subchefe era José Alencar, um rico empresário, e o presidente do Banco Central era Henrique Meirelles, ex-presidente do Bank of Boston, Lula reuniu em torno de uma mesa chamada 'base de apoio' os mais diversos e improváveis aliados, pelo poder que lhes foi oferecido. E ainda ousou penetrar em uma negociação entre líderes mundiais e o governo do Irã, surpreendendo o mundo com uma proposta de acordo nuclear!

Lula é realmente um fenômeno. Começou em 1969 como sindicalista, conquistando dois mandatos de presidente do sindicato dos metalúrgicos de São Bernardo (1978/1980) e, em 1980, iniciou sua carreira na política. A partir de um grupo de sindicalistas sob sua liderança, atraiu pessoas ligadas a comunidades de base da Igreja Católica, políticos da ala autêntica do antigo MDB, militantes de organizações de esquerda e intelectuais, e com eles fundou o Partido dos Trabalhadores (PT), um partido criado a várias mãos, principalmente de intelectuais, com o propósito declarado de reduzir as desigualdades do Brasil e moralizar os costumes da nossa vida política. E se tornou presidente do novo partido.

A entrada de Lula para o mundo da política convencional foi, de certa forma, surpreendente. Afinal, em várias oportunidades ele havia defendido a posição de que o sindicato devia manter-se longe da política, uma atividade que considerava dominada pela "politicagem". Em vários momentos, defendera a ideia de um sindicalismo puro. Por exemplo, no programa Vox Populi da TV Cultura, em 1978 (disponível no YouTube), dois anos antes de se tornar político, ele defendeu uma posição de duplo distanciamento — distanciamento em relação aos "pelegos" (refere-se, é provável, a sindicalistas como Joaquim dos Santos Andrade, o "Joaquinzão", então presidente do Sindicato dos Metalúrgicos de São Paulo); e distanciamento em relação às "facções" (refere-se aos grupos políticos formados por sindicalistas ligados a organizações clandestinas de esquerda). No fundo, suposto 'distanciamento' constituía uma justificativa antecipada do que viria a ser chamado um dia de 'sindicalismo de resultados', o sindicalismo criado, no final dos anos 1980, por Luiz Antonio de Medeiros Neto, um ex-comunista que virara metalúrgico e se tornaria alternadamente adversário e aliado de Lula. (Foi virando aliado, na medida em que o sindicalismo lulista de combate foi se transformando em sindicalismo de resultados.).

Por outro lado, um olhar sobre a trajetória de Lula — daquele distante ano de 1980 até o melancólico ano de 2016 em que vivemos — mostra que não havia motivo para nos surpreendermos com a sua repentina irrupção do sindicalismo para a política. Por uma boa razão: quer em uma posição, quer em outra, ele nunca deixou de ser um sindicalista. Portanto, 'mudança', se houve, foi apenas de local de atividade. Lula saiu do sindicato, foi para a sede partidária, para o Parlamento, depois para a Presidência da República, de onde chegou a foros internacionais. Mas continuou sempre o mesmo: um "fazedor de política", no sentido assinalado, sempre em defesa de interesses corporativos, nunca um autêntico político, defensor do 'Bem Comum' da pólis, um estadista.

Em 1989, tendo em seu currículo 10 anos como principal líder sindical do Brasil e quase isso como dirigente máximo do Partido dos Trabalhadores, já era incalculável a quantidade e multiplicidade de situações em que Lula havia exercitado suas virtudes de negociador. Explorando com astúcia e inteligência as contradições que afloravam na sociedade brasileira, opondo setores da burguesia nacional, da pequena-burguesia e mesmo do capital internacional ao autoritarismo e à política econômica estatista da ditadura militar, Lula transformou-se em um poderoso aglutinador de ambições pessoais, mas também de ideais e sonhos de prosperidade de trabalhadores, camponeses, funcionários públicos, estudantes, artistas e intelectuais.

Entretanto, neste ano, em que se realizariam as primeiras eleições diretas para presidente da República no período pós ditadura, nada do que até então realizara como 'negociador' comparava-se, aos olhos de amplas camadas da população, ao valor do protagonismo que exercera nas greves operárias do ABCD paulista nos anos de 1978, 1979 e 1980. É que, neste último ano, em uma São Bernardo sitiada por gigantesco aparato militar, envolvendo milhares de soldados, policiais civis, cães, bombas de gás, veículos e helicópteros em voos rasantes, o operariado da região desafiou a ditadura dos militares e dos patrões, contestando sua lei antigreve e o arrocho salarial. E Lula havia sido o grande líder daquela que foi uma rebelião não somente dos operários, mas de todas as famílias de trabalhadores pobres da região. Portanto, eram as imagens de um estádio Vila Euclides superlotado — reunindo dezenas de milhares de operários, braços erguidos como lanças em combate, vozes indignadas gritando "não!" àqueles que queriam privá-los de condições de vida e liberdade —, eram estas imagens, que constituíam o verdadeiro motivo e inspiração para que parcelas crescentes da população, principalmente os pobres e injustiçados, passassem a acreditar que um novo modo de fazer política fora inaugurado. E que poderiam colocar no poder um partido somente de trabalhadores, primeiro passo para uma mudança efetiva das injustas estruturas sociais do Brasil.

Mas Lula parece nunca ter entendido a mensagem que estas imagens transmitiam. Incensado por todos, estava convencido de que fora o criador das cenas heroicas do Vila Euclides; e não convencido do contrário: que fora um coadjuvante privilegiado, projeção circunstancial de um momento glorioso, vivido um dia pela classe operária brasileira. Mais ainda, como pretenso autor da epopeia, Lula nunca deixaria de acreditar que tal status lhe conferia um crédito inesgotável, que ele utilizaria onde e quando bem entendesse. Mas havia fatos que sinalizavam outras direções. Refiro-me, por exemplo, à deflagração da greve da montadora Scania, em 12 de maio de 1978, acontecimento inaugural da saga. Na manhã daquele dia, Lula encontrava-se no sindicato, para cuja presidência fora eleito com mais de noventa por cento dos votos, quando foi surpreendido por um telefonema dando conta de que a greve fora deflagrada. Gilson Menezes, o operário que surpreendeu a todos, recordaria: "No início, havia gente dentro do sindicato que não acreditava. Mostramos que era possível.”. E era mesmo possível. Em seguida, como um rastilho de pólvora o movimento paredista alastrou-se por várias outras fábricas e regiões do país. No ano seguinte, 1979, depois de declarar greve geral da categoria, o Sindicato dos Metalúrgicos de São Bernardo do Campo e Diadema sofre intervenção. Mesmo assim, Lula senta-se a uma mesa de negociações com os patrões e negocia a suspensão da greve em troca apenas da devolução do sindicato aos operários. Pode-se argumentar que era uma troca razoável, tendo em vista o papel importante que a entidade viria a desempenhar na grande greve do ano seguinte. Mas a vanguarda operária, confiante na força do movimento para prosseguir na luta, não aceita a decisão de Lula, o que o obriga a fazer a estes operários da linha de frente reiterados pedidos de um voto de confiança para que referendassem o acordo.

Em 1980, novamente o sindicato dos metalúrgicos de São Bernardo e Diadema chama uma greve geral da categoria. Por 41 dias, período de duração da greve, o movimento paredista transformou-se em verdadeira rebelião popular, mobilizando toda a região do ABCD. O ponto culminante da greve foi o dia 1º de Maio de 1980, um dos maiores da nossa história. Calcula-se que mais de 200 mil pessoas compareceram ao evento, do qual participaram, além de uma maioria operária e suas famílias, grande número de intelectuais, artistas, políticos com mandato e autoridades da Igreja. O encarceramento de Lula e sua diretoria, ocorrido havia 12 dias, potencializava sua liderança. Mas não constitui explicação causal para a manifestação épica, se não levarmos em conta a cultura de combate já assimilada pelos trabalhadores desde as greves com ocupação de fábricas ocorridas em 1968 nas cidades de Contagem e Osasco.

A contraprova desta afirmação é o fato de que, de 1º de Maio de 1980 até os nossos dias, a CUT, em tese herdeira do sindicalismo de combate do ABCD, nunca mais conseguiu mobilizar a classe operária para as greves gerais que propôs ou convocou. Pode-se contraditar esta conclusão, alegando que eventuais fracassos da CUT colocam em xeque a força das lideranças sindicais cutistas, mas não a de Lula, pois, sendo ele um político e não mais um líder sindical, sequer tentou fazer valer os créditos que obtivera no Vila Euclides. Admitamos. De fato, depois que se tornou político, Lula não só se afastou do movimento operário como cooptou inúmeros potenciais líderes sindicais para a sua "política" — política partidária, rumo à conquista de vitórias eleitorais; política de ocupação de espaços nos governos petistas conquistados. Especulemos então: se Lula não estivesse dedicando a sua vida a um projeto de conquista do poder pelas vias eleitorais, e decidisse fazer uso do suposto crédito de Vila Euclides para chamar a classe trabalhadora a realizar a greve geral negada aos líderes cutistas, ele teria sido atendido? A resposta é não, não teria. Porque, ao colocar terno e gravata, descolando sua imagem da conjuntura das mobilizações combativas dos anos 1960 e 1970, que lhe conferira força de mito, Lula passou a ser visto apenas como mais um político esperto.

Voltemos à realidade do nosso tempo. Diante da feroz campanha que a direita brasileira, fortemente apoiada pela classe média, move hoje para derrubar o governo Dilma Rousseff, campanha classificada por Lula e o PT de "golpe de Estado", Lula já deve ter percebido que não conseguirá mobilizar maciçamente a classe trabalhadora para defender o mandato petista da presidente. Pois, ao que tudo indica, a classe trabalhadora não se mostra disposta a sair às ruas para defender 'bolsas-família', 'aumento real do mínimo', 'crédito popular', 'prouni', 'luz para todos', 'farmácia popular' e, muito menos, 'pac's e 'pibões'. Estas coisas, embora em si úteis e saudáveis, são vistas como quinquilharias, quando comparadas com o sonho de liberdade e democracia, sonhado no 1º de Maio de 1980. E o equivalente deste sonho hoje — luta contra o golpe como continuidade da luta por uma democracia real e pela redução das desigualdades — ainda não tem um porta-voz confiável. O jovem Lula do pôster descorado, sendo carregado em triunfo por um mar de operários, perdeu sua aura de santidade. E o velho Lula, depois de todos os acordos, negociações e alianças espúrias que fez — leão desdentado sob a lona furada de um circo decadente — não tem a oferecer aos trabalhadores nada além do que as promessas nacional-desenvolvimentistas que o capturaram e resultarão sempre somente em quinquilharias. Mas, embora seja liderança política ambígua, é líder popular inconteste da maioria despossuída. E. nesta condição, ainda pode ser útil às velhas elites do atraso, em suas reiteradas tentativas de administrar, em benefício próprio, a crise sistêmica do capitalismo.

Para inspirar um combate vencedor em defesa do governo Dilma e contra o fascismo que já se manifesta audaciosamente nas ruas e praças do Brasil (mas não somente aqui) os brasileiros precisam de um programa de lutas maior, em defesa do mundo do trabalho, contra o parasitismo das finanças e do rentismo.

Precisam voltar-se para o espírito que tomou as cidades do ABCD, no 1º de Maio de 1980, em Vila Euclides, assim como os portugueses se voltaram para o espírito de Grândola, Vila Morena, no 25 de abril de 1974.

CRISE DAS ESQUERDAS

No dia 30 de maio de 2016, quase em seguida ao *impeachment* da presidente Dilma Rousseff, fui à Faculdade de Filosofia, Letras e Ciências Humanas (FFLCH) da USP para ouvir as "provocações" lançadas por quatro professores dessa faculdade durante um debate. Eram André Singer, Marilena Chaui, Paulo Arantes e Vladimir Safatle, com mediação do professor Ricardo Musse. A mesa de que faziam parte — uma das doze que compunham o programa de debates organizado por professores e alunos da FFLCH — era a última a se apresentar. Referido programa tinha como objetivo discutir e debater, a partir de ângulos diversos, "*Caminhos da esquerda diante do golpe*". Além desta "mesa filosófica", já haviam se apresentado outras que poderíamos apelidar de "mesa de esquerdas institucionais", "mesa de esquerdas revolucionárias", "mesa de movimentos", "mesa de juristas", "mesa de economistas", "mesa de *generistas*", etc. Como se vê, promessa de um amplo painel de pontos de vista. Digo 'provocações', porque, dada a exiguidade do tempo de que dispunha cada debatedor para enfrentar os desafios postos pela conjuntura atual, mais não seria justo esperar deles.

Motivou-me a ir ao evento o artigo publicado no jornal francês *Le Monde*, cujo título era "Podemos ainda salvar a esquerda?" ("Peut-on encore sauver la gauche?"), de autoria de Michael Wieviorka. O artigo refere-se particularmente às esquerdas francesas mas seus diagnósticos são pertinentes também para a compreensão da crise das esquerdas brasileiras. Segundo Wieviorka, para que as esquerdas francesas — afetadas por um processo de 'direitização' e, consequentemente, fragmentação e afastamento das bases sociais em que se apoiam ou deveriam se apoiar — superem a crise em que se encontram, é indispensável, entre outras providências, que se reaproximem dos intelectuais, especialmente daqueles capazes de produzir conhecimentos aptos a aclarar a ação. Achei interessante esta conclusão. E me perguntei: será o caso dos nossos filósofos? Poderão eles, praticamente fechando o grande debate, aclarar as ações que possam levar a uma refundação das nossas esquerdas?

O que ouvi dos nossos intelectuais, naquele 30 de maio de 2016, o leitor pode ouvir também procurando no YouTube por "Mesa 12 - Caminhos da Esquerda diante do Golpe". Em seguida, expressarei minha opinião sobre o que disseram.

Partindo do diagnóstico que fazem da conjuntura política brasileira, em que consideram principalmente os acontecimentos que teriam levado a um 'golpe parlamentar', ao consequente afastamento da presidente Dilma Rousseff e à formação de um governo interino de direita, empenhado não somente em interromper o modo petista de governar mas também em retirar conquistas dos trabalhadores — os professores André Singer e Marilena Chaui, em particular, defendem a proposta de formação de uma ampla união das 'esquerdas' para enfrentar o governo golpista. A proposta chega a comover. Porque será sempre comovente a apresentação de uma imagem qualquer do confronto milenar que opõe massas pobres unidas por laços de solidariedade e oligarquias possuidoras de força e poder. Mas até que ponto esta imagem pode tornar-se realidade?

Embora não reconheçam serem ainda eficazes nos dias de hoje as estratégias e métodos de luta das organizações revolucionárias de extração marxista-leninista, nossos intelectuais argumentam à sombra de antigos conceitos de Marx e Lenin – no caso, o de 'classes sociais'. Somente não buscam abrigo no de 'revolução'. Assim, são *interesses de classe*, interesses da classe trabalhadora, aquilo que, neste momento, tornaria imperativa e possível a bandeira de 'união' para todos que reivindicam posição de esquerda. Mas ao trazerem à mesa a proposta de 'união das esquerdas', os professores repõem proposta de ação que deriva de experiência das lutas de esquerda do passado. De fato, reconhecendo a derrota incontestável (ainda que por pontos) que a 'direita' impôs ao PT e ao seu governo, os professores conclamam todas 'as esquerdas' a formarem uma grande frente. Que cerrem fileiras em defesa não do PT mas de incontestáveis avanços democráticos representados pelas conquistas trabalhistas das últimas décadas – não somente as que foram obtidas pelos governos de Lula e Dilma Rousseff mas também as que vieram da época de Getúlio Vargas! Sem mencionar motivo maior, destacado por André: estamos todos diante de 'verdadeira agressão ao processo civilizatório', agressão esta já fartamente sinalizada pelas primeiras medidas anunciadas pelos golpistas.

Mas, tanto neste debate como no ensaio em que procura desvendar 'os sentidos do lulismo', André reconhece que, no governo do país por três mandatos e picos, Lula comboiou o PT para longe da classe proletária, aproximando-o de uma fração desta, nomeada por ele de 'subproletariado'. Neste caso, a aproximação deu-se apenas no plano eleitoral, sem nenhuma intenção ou esforço para organizá-la politicamente. É um fato. Somente agora, diante dos ataques da direita, setores urbanos minoritários desse 'subproletariado' começam a se auto-organizar, e a prova são as manifestações lideradas por Boulos. Conclusão: dado que as 'organizações revolucionárias' nunca conseguiram deslocar os pelegos dos aparelhos sindicais, criando as condições necessárias para o estabelecimento de vínculos com a classe operária, pode-se imaginar com que base de sustentação operária contaria hoje uma união de esquerdas no Brasil — nenhuma! Contaria apenas com uma penca de exércitos brancaleones formados por devotados intelectuais. Ou com coisa pior: batalhões de mandarins. A sonhada 'união' seria derrotada, é verdade, mas haveria um consolo: não seria uma derrota trágica, ao estilo da Guernica.

Ninguém pode negar que Lula foi um eficiente líder sindical. O que nem todos percebem ou admitem é que, posteriormente, como político, continuou sendo sindicalista. Talvez por opção. Ele nunca demonstrou saber o que era política em sentido próprio, e os vários modelos historicamente dados que esta apresenta. Ou então, sabia sim quais as alternativas que a história colocava para a vanguarda operária nos anos 1960 e 1970 — 'Reforma' ou 'Revolução' — e tenha optado pela reforma. Até porque, diante dos horrores do estalinismo e do destino trágico do inimigo deste, o trotskismo, condenado a uma vida política enclausurada, não constituiria nenhum escândalo a opção de Lula pela via da reforma. Escândalo foi sua opção por um reformismo nacional-trabalhista requentado, baseado no peleguismo em que a esquerda esteve metida no período anterior ao golpe militar de 64. Havia alternativa? Sim - empenhar-se para fazer do PT um verdadeiro partido social-democrata. (Sublinho verdadeiro, para destacar a opção direitista dos atuais partidos social-democratas por todo o mundo. Ou seja, mesmo optando pela via eleitoral para chegar ao poder, o PT de Lula poderia ter escolhido buscar apoio preferencialmente junto à classe operária, para caminhar no sentido da transformação socialista da sociedade. Ainda que pela via eleitoral.

Sem motivação transformadora deste porte, Lula pôde dar vazão à sua vocação de mascate. Trocou os inevitáveis confrontos de classe, necessários para ampliar a participação dos trabalhadores no controle do Fundo Público, por negociações sindicais de quinquilharias. Para isso, deslocou seu marketing eleitoral para o tal de 'subproletariado', ao mesmo tempo em que se associava a representantes do capital financeiro e a pesados esquemas de corrupção.

Agora nossos professores defendem a proposta de uma 'União' das esquerdas para enfrentar o 'golpe parlamentar'.

Evitam a expressão 'proposta de Frente'. Certamente, porque sabem dos desastres a que conduziram as classes trabalhadoras as 'Frentes Populares' francesa e espanhola nos anos 1930[1]. De todo modo, qualquer que seja o nome que se dê a essa possível aliança ('União', 'Frente Popular' ou 'Frente Única'), estaria presente nela hoje representantes da "burguesia progressista"; e, ausente, o elemento admitido como sendo o principal ator, a classe trabalhadora.

Como esperariam mobilizar esta classe para liderar a mudança? Conclamando-a para defender suas "conquistas": 'bolsas-familia', 'minha casa-minha vida', 'salário-mínimo', mínimo mesmo? Ou 'direito de ir e vir' em segurança nas periferias e nos morros? Tudo isso, que em outro lugar o professor André Singer afirma ser produto de um 'reformismo fraco', não passa, quando medido pela régua das desigualdades brasileiras, de quinquilharias. Mas o problema não reside aí, no fato de serem estas 'conquistas' resultado do 'reformismo fraco' conduzido pelo governo lulista. E sim no fato de ser produto de um reformismo doador. Como os dinheiros ganhos em jogos de azar, ato contínuo dissipados, as propaladas conquistas, progressivamente anuladas pelos golpistas, não causarão indignação suficiente para mobilizar os trabalhadores.

Se os mestres Singer e Chaui tivessem levado em consideração a verdadeira natureza dos atentados ao "processo civilizatório"

---

1 Rui Fausto (*Caminhos da esquerda*) defende que há exagero em considerar que o saldo das 'frentes populares' europeias tenha sido zero. Em relação ao objetivo estratégico, foi mesmo zero!

hoje visíveis em todo o planeta, certamente teriam visto que a 'união' que têm em mente não pode reunir força suficiente para enfrentá-los.

O professor Vladimir Safatle começou sua fala observando que a condição necessária para a esquerda reagir à derrota que lhe foi imposta pelo golpe da direita que derrubou o governo petista é a de que faça uma severa autocrítica; e, para isso, que a esquerda seja o mais cruel juiz dela mesma. Tendo em vista a diversidade das representações ou personagens que compõem nossa esquerda, é de se esperar que cada um faça a própria autocrítica, e não a autocrítica do outro como fez Safatle em relação ao PT. Marilena puxou a orelha de Safatle, destacando a impropriedade política do uso do termo 'autocrítica', termo contaminado pelas barbaridades do stalinismo. Mas ela deveria ter considerado outra possibilidade: a de que não existe impropriedade no fato de um cidadão qualquer descrever, a título de sugestão, os termos da avaliação crítica que a direção nacional do PT deveria oferecer aos seus militantes, eleitores e à sociedade em geral. Foi neste sentido que interpretei o convite de Safatle para uma 'autocrítica' da esquerda[2]. De qualquer modo, tendo em vista, repito, a diversidade de representações da esquerda, teria sido mais honesto se Safatle fizesse a 'autocrítica' dos intelectuais, categoria a que pertence. Começaria assim: "Nós, os intelectuais, erramos ao não mostrarmos à sociedade...". Mas o que ele, de fato, fez foi o sumário de culpas não dos intelectuais (de quem Wievorka disse que devemos esperar luzes) mas o das

---

2 Rui Fausto (obra citada) denuncia a intenção tergiversatória do argumento de Chaui.

principais representações do nosso sistema político-partidário: PFL, MDB, PMDB, PSDB e PT.

A tese de Safatle afirma que, com a derrota do movimento das 'diretas já', os militares golpistas de 64 concordam em entregar o poder aos civis, mais precisamente ao seu antigo partido de sustentação, Arena, então rebatizado PFL, com as bênçãos do principal partido de oposição, o então MDB, depois transformado no PMDB. O pacto PFL-PMDB, que geraria em 1979 uma Lei de Anistia que protegeria para sempre os responsáveis por crimes de morte e tortura de oposicionistas durante a ditadura militar, possibilitou ainda a preservação no poder das velhas oligarquias que, daí em diante, estariam sempre aptas e dispostas a bloquear toda e qualquer tentativa de alargamento da democracia no país. Diz ele:

> "Por isso, é certo dizer que nossa derrota vem de longe, vem de 1984. Com a derrota das 'diretas já' e a confirmação de um pacto entre o PMDB e o antigo PFL estava selada a governabilidade entre nós. Ela se fundaria na conciliação contínua com um setor dos trânsfugas da ditadura, na gestão de seus interesses oligárquicos locais, na conservação de seus direitos fisiológicos, e principalmente no bloqueio de toda tentativa de julgar o que fizeram e o que continuarão a fazer. A 'nova república' foi fundada na exigência de integrar o arcaísmo ao poder."

Como resultado desse Pacto de Conciliação inicial, os partidos que sucederam a dobradinha PFL-PMDB com algum protagonismo na política nacional: PDT, PSDB e PT (Collor foi um caso à parte), não conseguiram realizar o potencial mudancista do movimento 'diretas já'. Isto quando tentaram. Então, ou foram seduzidos pelo ideário neoliberal ou, quando seduzidos pelo nacional-desenvolvimentismo, foram contidos pelas regras da governabilidade conservadora que deram origem à Nova República.

Última aposta para regenerar os costumes políticos do país e fazer avançar a democracia social brasileira, o PT, sob o comando do lulismo, naufragou exatamente nos mesmos erros e vícios do populismo varguista que ele abraçou de corpo e alma. Com o esgotamento da política de crescimento da economia e do emprego petista - ao mesmo tempo em que são revelados os mega escândalos de corrupção envolvendo integrantes da cúpula do governo e do Partido dos Trabalhadores — explode a revolta popular de junho de 2013. Não foi mera coincidência, observa Safatle. Totalmente surpreendidos pelo fato de que a população revoltada erguia-se contra todo o sistema de representação política, aí incluídos os chamados partidos revolucionários, os governos da União e dos Estados entraram em estado de choque, mostrando-se absolutamente incapazes de dar qualquer resposta que pudesse resolver a situação.

Neste momento, manipulando o descontentamento das classes médias com o governo petista e sua base aliada, a direita, fortemente apoiada pela grande mídia, teria ocupado as ruas e direcionado as manifestações para a exigência de *impeachment* da presidente Dilma. Segundo Safatle, este é apenas o último elo de uma cadeia lógica que tem início lá atrás com o Pacto de Conciliação entre o PFL e o PMDB, origem da 'Nova República'.

Safatle conclui que a derrota era inevitável. E que não crê ser difícil saber qual a lição a tirar dela.

Esta é a reflexão de Safatle. Em minha opinião, uma análise romântica e impressionista. Uma narrativa entre tantas outras possíveis, como diria Chaui (em que pese o horror que a combativa professora diz ter do termo). Sobre 'os caminhos da esquerda diante do golpe', a sua resposta não vai além da conclusão de que, no futuro, esta esquerda terá de ser 'corajosa'; e, tendo em vista o ambiente político corrupto predominante, não poderá se deixar contaminar pelos costumes e formas de pensar das velhas oligarquias. Assim, a esquerda estará apta a conectar-se com a população em revolta nas ruas ('potência negativa'), em condições de convertê-la (não diz como) em protagonista da adiada mudança (potência positiva?). Ainda que mal pergunte: em que consistirá tal potência positiva? Sim, vamos admitir: tornamo-nos corajosos, puros de alma e pensamento, e, graças a estas virtudes, tomamos o Palácio de Inverno. E agora, o que fazer?

Em seu aplaudido ensaio[3], o professor Singer afirma que o 'reformismo fraco' do lulismo, com seus programas compensatórios voltados para a pobreza, mobilizou amplamente o subproletariado, mas somente no plano eleitoral, deixando de organizá-lo politicamente. Significa admitir que hoje não há como mobilizá-lo em termos políticos mais gerais. Por outro lado, o 'reformismo fraco' foi recebido com relativa indiferença pelo 'proletariado'. A este teria faltado a proposta de um reformismo 'forte', um reformismo que atacasse as desigualdades estruturais

3 Singer, André, *Os sentidos do lulismo*, Companha das Letras, 2012

da sociedade brasileira. Nesta tese – ao que parece compartilhada por Chaui e Safatle – está embutida a crença de que um 'reformismo forte' teria evitado a derrota. Mas, se o economista tucano Bresser Pereira tiver razão, ao afirmar que o PT optou por um desenvolvimentismo conservador e não de esquerda, então, ao fazer esta opção, o partido praticamente descartou o reformismo forte. Pois a gramática do desenvolvimentismo brasileiro sempre implicou na entrega da administração do Fundo Público às oligarquias — antes, nossos capitães-de-indústria, agora, empresas multinacionais e conglomerados financeiros. Desse mato, não sairá coelho!

Diferentemente, o professor Paulo Arantes menospreza essa visão, segundo ele nascida durante a Guerra Fria como dispositivo de compensação ideológica da dominação capitalista. Pelo que se depreende desta e de outras intervenções de Paulo Arantes, o famoso dilema de Rosa Luxemburgo, socialismo ou barbárie, já está resolvido – restou a barbárie. Que ele explica, não simplesmente negando o socialismo que compõe o dilema, mas convertendo este em uma adição com o primeiro termo sendo substituído. Assim, o que teríamos seria: capitalismo e barbárie.

Por isso, o filme distópico que, na visão do cartunista citado por Arantes, o presidente Temer está fazendo não tem nada a ver com "golpe parlamentar" (Singer) ou com "pacto de conciliação" (Safatle). Admitir um ou outro seria tomar o efeito pela causa, ignorar que são apenas expressões de uma forma de intervenção do capitalismo de mercado autorregulável inaugurada há muito tempo. Sob muitas figuras, o 'moinho satânico' de Karl Polanyi constitui a natureza do processo econômico capitalista contemporâneo e determina o rastro de destruição social que deixa para trás. "Fascismo", "ditadura" ou "democracia burguesa" são regimes políticos pelos quais o Estado Capitalista procura conter, de forma direta ou indireta, a crescente onda de descontentamento das massas, que são permanentemente excluídas pelo 'moinho satânico' da vida tal como é cifrada pelo mercado. Como Arantes mostra no seu instigante *O novo tempo do mundo*[4], o Estado Democrático de Direito brasileiro, plasmado na incensada Constituição Cidadã de 1988, é na verdade um Estado de Exceção. Porque contém dispositivos legais que a ditadura civil-militar de 1964 impôs e, mediante os quais, reservou-se o direto de intervir no processo democrático sempre que entender que os fundamentos do Estado Oligárquico correm perigo. Tal "direito" expressa-se principalmente em figuras como a do "impeachment" do presidente da república e a de uma "Lei de Anistia" que protege facínoras e torturadores. Mas não somente. Antes de tudo, o Estado de Exceção dispõe do poder de conter e reprimir todas as formas de descontentamento e oposição, mediante imposição da "racionalidade" constituída por uma floresta de normas, regulamentos, decretos e atos administrativos que são permanentemente produzidos pelo poder executivo e seus órgãos de segurança. Como diz Marilena Chaui, foram feitos pela classe burguesa dominante sob medida, para impedir o avanço de um governo popular democrático.

A natureza complexa do modo de dominação do Capital sobre a sociedade, que Paulo Arantes procura obsessivamente mostrar,

4 Arantes, Paulo. *O novo tempo do mundo*, Boitempo, 2014.

torna evidente a limitação e insuficiência das caracterizações dos motivos que levaram à derrota diante do 'golpe', em termos psicológicos como 'falta de coragem', 'traição' ou 'covardia'. Do mesmo modo, expõe a fragilidade do modo como Singer-Chaui tentam justificar a imperiosidade da 'união das esquerdas' para fazer frente ao 'golpe parlamentar ou constitucional'. Paulo Arantes é taxativo: o golpe "é apenas sintoma de uma grande aceleração rumo à desintegração social".

De fato, não será em defesa das quinquilharias representadas pelos 'direitos conquistados' dos trabalhadores, utilizando-se de uma fórmula de ação política datada, como uma eventual 'união das esquerdas atuais', que a sociedade se rebelará contra o moinho satânico. Que esta rebelião pode ser franqueada mediante um programa de lutas que ponha em evidência os interesses da sociedade como um todo (e não apenas dos trabalhadores), eis aí uma tese compatível com o diagnóstico de Arantes. Karl Polanyi a enuncia assim:

> "Na verdade, nenhuma política de interesse restrito a uma classe pode defender bem até mesmo esse interesse — uma regra que só permite poucas exceções".

Por outro lado, como nota Polanyi, ainda que a defesa dos interesses da sociedade como um todo possa eventualmente recair sobre uma 'seção' da população de preferência a outra, o que importa ressaltar é que, para ter sucesso, esta seção deverá efetivamente estar defendendo os interesses da sociedade como um todo. (Proposta reformista! — dirão talvez os revolucionários.)

Mas, enquanto Singer-Chaui convocam forças políticas inexistentes do ponto de vista organizatório (e talvez até ontológico), para defender um programa mínimo irrelevante, do ponto de vista do impacto que possa ter na redução efetiva das desigualdades, Safatle se propõe a dar vida às forças do campo progressista, mediante uma injeção de coragem, lealdade e valentia.

De certa forma, também André Singer não deixa de apelar para a psicologia e a moral, pois procura levantar o ânimo dos inimigos do novo regime, afirmando que "a legalidade está do lado das esquerdas" (?). A propósito, se admitisse a tese de que a 'legalidade' é sempre a legalidade do poder estabelecido, e que, portanto, como pensa Paulo Arantes, vivemos num Estado de Exceção, em que a legalidade segue o movimento da balança que mede a relação das forças em jogo, Singer não faria tal afirmação. O que não significa dizer que esta mesma 'legalidade', que chancelou o golpe de 64 e o *impeachment* de Dilma Rousseff, não possa, amanhã, imantada pelo prato das forças políticas de oposição, colocar-se ao lado das esquerdas[5].

Quanto ao professor Paulo Arantes, por estar convencido de que as organizações clássicas da esquerda (as únicas, diga-se de passagem, que se propõem elevado objetivo estratégico, ou seja, combate frontal ao 'moinho satânico') são variantes de um modelo de ação política que considera encerrado, ele se afasta das avaliações de Singer e Chaui. Mas faz coro com Safatle para exaltar suposta e extraordinária virtude moral das massas populares

5 As últimas decisões judiciais, anulando processos e sentenças contra Lula, confirmam esta análise, que fizemos em maio de 2016.

espontaneamente rebeladas — da Comuna de Paris ao Junho de 2013. Pensando melhor, é *em termos* que Arantes concorda com o qualificativo de *potência negativa* para as mobilizações de Junho de 2013. (Esta expressão, para Safatle, tem o sentido de elemento construtor, a partir do suposto papel que teria como força aplainadora de terreno). Ao confessar que aquelas mobilizações eram mais um bólido sem rumo que a direita manipulou contra a esquerda, Arantes põe o dedo na ferida: as mobilizações de Junho tinham a potencia de um bólido, mas sem a força suficiente para ser uma "potência negativa" no provável sentido que lhe empresta Safatle. Em que deveria se constituir tal força, capaz de transformar uma potência negativa em potência positiva? Arantes não diz.

Cabe então perguntar: onde as luzes dos nossos intelectuais enxergam o caminho das esquerdas para o enfrentamento dos golpes? Não sendo na repetição de métodos de luta política ultrapassados, será na irrupção espontânea de suposta 'potência negativa', heroicamente manifestada cento e quarenta e cinco anos atrás e agora impropriamente comparada com os ameaços de Junho de 2013? A posição de Arantes sobre isso é curiosa. Reconhece que, por um curtíssimo espaço de tempo, circunstancialmente dirigidas por lideranças 'autonomistas', as jornadas de Junho se constituíram em potência negativa. Afinal, teriam imposto derrota incontestável que alcançara, simultaneamente, os três níveis de poder da república (municipal, estadual e federal)[6] na questão do aumento das passagens de ônibus em São

6 Há que se reconhecer aqui o caráter relativo dessa vitória. A imposição de um recuo

Paulo. Mas, nascidas de um movimento espontâneo de negação de legitimidade de todas as instituições políticas existentes (dos partidos aos governos eleitos), a rebelião junina ficou paralisada por um momento, logo após a vitória conquistada. Por quê? — Porque os autonomistas, de acordo com crenças políticas deles, teriam acreditado que seu papel se exaurira com a agitação em torno do preço das passagens e se entregaram à ideia de que a rebelião evoluiria espontaneamente para "alguma coisa que não conheciam". Observo aqui aparente paradoxo na análise de Arantes. Ele considera superados os partidos políticos ditos revolucionários (ou seja, partidos que possuem inegavelmente estratégia para uma luta prolongada) e, ao mesmo tempo, afirma o caráter aleatório da força do movimento popular de Junho, que caminhou para a direita por força de não contarem com uma estratégia política ampla, capaz de empolgar a maioria da sociedade. E, por isso, cedeu terreno à perspicácia da extrema-direita, que soube se aproveitar do espírito antissitema da rebelião para preencher o vácuo político que se formou e atacar a esquerda, fortalecendo assim sua estratégia de luta pelo poder. Ora se os partidos revolucionários clássicos estão superados (porque superadas estão suas propostas para criar um mundo novo), e os 'autonomistas' também (porque não sabem o que fazer no 'dia seguinte' à "tomada do poder"), Paulo Arantes tem um dilema exclusivo: ou continuar o trabalho obsessivo que realiza para provar o fato (já não suficientemente provado?) de que estamos

---

à arrogância governamental na questão da passagem de onibus, ainda que envolvendo os três níveis de governo, não pode ser equiparada a uma tomada do 'Palácio de Inverno'!.

diante de "uma grande aceleração rumo a uma desintegração social", ou propor medidas objetivas (governamentais ou não) que possam abrir caminho para a sociedade democrática e igualitária que buscamos. Parece que ele escolhe a primeira alternativa[7]. Particularmente, tenho procurado analisar os textos de Thomas Piketty, que, decididamente, escolhe a segunda alternativa.

Finalmente, lamento concluir que os caminhos apontados por esses intelectuais, não somente para enfrentar o "golpe branco", mas para uma refundação da esquerda, não bastam para nos tirar do presentismo, sem nos lançar no milenarismo ou na descrença total. Seja como for, ainda concordo com a tese de Wieviorka: a esquerda precisa aproximar-se, senão dos intelectuais em geral, daqueles cujos estudos partam de dados reais sobre as estruturas e as dinâmicas da realidade econômica em que vivemos[8], focados principalmente no fenômeno da desigualdade, item imprescindível das pautas de lutas da esquerda. E, por isso, reitero meu interesse pelos trabalhos de Piketty.

---

7 Ao lado do retrato, a meu ver, "fenomenólogico" que faz do capitalismo dos nossos dias, na maior parte dos seus escritos, Arantes parece ter um dia depositado esperança na reação do corpo sem rosto de uma multidão indignada contra o moinho satânico; e também nos 'implantes socialistas' de Paul Singer (estes, iniciativas populares socializantes nas dobras do grande sistema).

8 O filósofo Ruy Fausto, que acaba de nos deixar, depois de toda uma vida dedicada a estudos rigorosos, esclarecia que, em *Caminhos da Esquerda* (um dos últimos, senão o último livro que escreveu) iria privilegiar a crítica política das esquerdas. Mas não deixava dúvidas quanto à importância que deveria ter também a crítica econômica. E, honestamente, confessava suas limitações nessa área.

MINHA DOXA

A única abordagem política de esquerda que faz jus ao nome é, como sempre, a que olha nos olhos de sua insignificância, mas cujo interesse está todo voltado para aquilo que pode transformar o vestígio, lenta ou repentinamente, no começo de um "movimento". Muitas e amargas serão as coisas — as ideias grandiosas, a estilística revolucionária — a serem sacrificadas no processo. (Clark, T.J., *Por uma esquerda sem futuro*)

Diante das minhas opiniões políticas atuais, volta e meia encontro algum conhecido antigo que ou quer me perguntar ou efetivamente me pergunta se reneguei o socialismo e me tornei um liberal. É principalmente para estas pessoas (mas não somente) que me vejo na obrigação de dar alguns esclarecimentos sobre a "evolução" das minhas posições nos últimos anos. Adianto logo que não tenho certeza de nada, exceto de que o futuro, se existe algum, será socialista e de que, portanto, se não o vislumbramos, nos caminhos pelos quais seguimos, temos que procurar outros caminhos. E não nos esquecermos de que o futuro não é resultado de um "fiat lux", pois este, se ocorresse, nos deixaria literalmente pendurados na brocha. O futuro é o outro lado de uma ponte, que começa aqui e agora, no presente.

Em 1981, militava havia 13 anos em uma pequena organização bolchevique-trotskista[1], e outro tanto em lutas sindicais, quando concluí que o projeto de construção de um partido revolucionário no Brasil, ao qual eu aderira apaixonadamente, havia fracassado — do mesmo modo como achava que tinham fracassado os projetos abraçados por organizações concorrentes à nossa — de luta armada ou de massas. Em particular, convenci-me da incapacidade desses partidos de sequer disputarem concretamente com os velhos e novos pelegos a direção dos sindicatos operários, para mim, à época, fatores essenciais para o sucesso do projeto. Pior ainda, convenci-me da incapacidade que demonstravam seus membros de estabelecer relações de verdadeiro companheirismo revolucionário no interior das "organizações". Assim, não sem amargura, abandonei a política militante e me meti, como franco atirador, somente na luta sindical até o início do ano de 2001. Nos últimos anos, convenci-me também, definitivamente, das limitações insuperáveis das lutas sindicais — não somente em relação ao sonho que tínhamos de transformar os sindicalistas em soldados do futuro exército revolucionário, mas também em relação às lutas em defesa dos salários e condições de vida dos trabalhadores; colhíamos derrotas atrás de derrotas, enquanto assistíamos ao fortalecimento do peleguismo, que substituía a organização dos combates diretos dos trabalhadores pela cômoda política de judicializaçâo das demandas, hoje em voga, tornada método central das "lutas" sindicais. Isto, quando os

1 'Pequena organização' para os olhos octogenários que hoje me guiam; para os dos vinte e poucos anos que ontem me guiavam, centro embrionário da Revolução Mundial.

pelegos não eram abertamente cooptados para defender os interesses dos patrões e do governo.

Em 2003, houve um agradável acontecimento: reencontrei um amigo, companheiro dos primeiros anos de militância ainda no movimento estudantil, que eu perdera de vista havia quase trinta anos. A última vez que o tinha visto fora por volta de 1973 — mal tinha sido libertado, depois de quase quatro anos de prisão por suas atividades como militante da VAR-Palmares. Depois de rememorarmos a história das nossas militâncias, desde o longínquo 1968 na Filosofia da USP, esse amigo disse que participava de um grupo de pessoas que se reunia semanalmente em São Paulo, em busca de respostas para organizar um movimento em prol da construção de uma "política socialista para o século XXI", e que eu seria bem-vindo. O grupo, que se autodenominava "Inquietos", fora iniciado por ex-miltantes da luta armada contra a ditadura de 1964. Eu tinha sido militante de uma organização clandestina diferente, privilegiava as lutas no interior das empresas e dos sindicatos, mas, a princípio (não por esta razão), não me animei com a ideia. É que não acreditava que encontraria algum discurso de esquerda diferente daqueles que já não me convenciam. Apesar disso, seduzido pela ideia do *novo,* acabei me tornando um participante dos "Inquietos". E, de fato, embora tenha feito lá amigos para a vida inteira, não consegui desenvolver com este grupo o discurso que procurava.

Se não me falha a memória, o grupo se reuniu durante uns oito anos, ao fim dos quais tinha elaborado um estatuto para a criação de uma entidade chamada "Liga de socialistas do século XXI", mas esta nasceu morta. No meu entendimento, a "Liga" nasceu morta porque fracassou no principal: elaborar um manifesto de fundação que respondesse aos desafios que nos colocávamos. O máximo a que chegou nesse sentido foi esboçar uma 'carta de intenções', que assumia as principais teses das críticas ao estalinismo e à ditadura do partido único, que orientaram o surgimento do chamado eurocomunismo na Europa Ocidental. Mas não soube se posicionar com clareza e objetividade em relação aos pontos programáticos que o diferenciariam do autoritarismo bolchevista, de um lado, e da democracia liberal, assim como de uma espécie de 'possibilismo' socialdemocrata, de outro lado.

O tal esboço começava pela seguinte afirmação: "Definimo-nos, antes de tudo, como um coletivo de esquerda, democrático e socialista". Eis a ponderação que propus a propósito deste texto:

> "Estamos conscientes de que, principalmente à vista das polêmicas que suscita, tal definição é insuficiente para uma caracterização política. No entanto, insistimos em utilizá-la. Por quê? — porque a profunda crise de confiança que atingiu os esquemas explicativos socialistas de esquerda, especialmente a partir da derrocada do Estado Soviético, não nos deixou melhor alternativa. Ao comprometer teses fundamentais do campo socialista, obrigou-nos a dar um passo atrás na especificação das nossas posições. De fato, o movimento histórico da segunda metade do século XX destruiu irremediavelmente a confiança do campo da esquerda na eficácia de teses socialistas basilares, tais como a de que 'ditadura do proletariado' tinha um caráter democrático;

> a de que esta seria transitória e, mais recentemente, até mesmo a tese da existência de uma 'classe operária' que continuaria sendo o sujeito da 'revolução social'. Mas o "passo atrás" não nos impediu de nos declaramos críticos do regime da propriedade privada dos bens oferecidos pela natureza e dos bens socialmente produzidos, colocando-nos como defensores da igualdade econômica, social e política. Em outras palavras, sintonizados com o traço democrático substancial do conceito de 'esquerda', que é o igualitarismo, nos afirmamos como homens e mulheres de esquerda. E não menosprezamos toda a crítica conservadora ao igualitarismo: algumas destas críticas, como a que rejeita identificação entre igualitarismo e distributivismo puro e simples, são bem-vindas, na medida em que não atingem no mérito a tese da necessidade de se buscar o estabelecimento da igualdade social.

Quanto aos autodenominados partidos revolucionários, muitas são as estratégias que ao longo dos últimos cento e cinquenta anos foram propostas para a conquista do poder político, esta considerada condição *sine qua non* para a implantação do socialismo no mundo. À divergência originária entre Marx e Bakunin sobre a questão do Estado, vieram se somar muitas outras divergências, ao longo da história, opondo, por exemplo, bolcheviques e mencheviques, estalinistas e trotskistas, estes e maoístas, e, finalmente, fidelistas/guevaristas e todas as outras estratégias. Como não queremos, em tese, nos constituir apenas em um grupo político diletante, teríamos que nos decidir por uma dessas correntes. Outras não há. Mas aí é que a porca torce o rabo: não podemos escolher nenhuma em particular. Basicamente, por três razões. Ao evoluírem para posições fundamentalistas, ignorando as virtudes criativas da história humana, as organizações partidárias que defendem estas concepções destruíram a ideia de democracia; fecharam-se à compreensão das transformações ocorridas nas estruturas econômicas e sociais da sociedade mundial nas últimas décadas, particularmente a que diz respeito às mudanças observadas na composição das classes sociais; e se tornaram incapazes de enfrentar a questão da constituição teórica e prática dos novos sujeitos da transformação social.

O fato, entretanto, de darmos "um passo atrás" não deve significar que estamos propondo que se ignore a história recente dos movimentos socialistas. Esse 'passo atrás' é lógico e não histórico. Como recuo lógico, constitui um movimento da espécie para o gênero, para a mudança estrutural; mas do ponto de vista histórico, constitui estratégia para buscar reunir um campo de forças transformador, a partir de um elemento comum; no caso, a defesa da socialização tanto dos bens oferecidos pela natureza como dos que são produzidos pelo homem. Nesse sentido, em dadas circunstâncias concretas de enfrentamento do fascismo, pode ser conveniente a utilização dos conceitos *bobbianos* de esquerda e direita. Seria uma forma de propor um campo comum de luta, unindo socialistas e liberais. Em que ponto estas duas correntes poderiam se unir? — Certamente na questão da igualdade e da democracia, conceitos que não são exclusivos dos socialistas: alguns liberais também os discutem e defendem de modo pertinente e interessante, embora não-socialistas."

Esse conjunto de conclusões constituíam para nós, à época, um avanço em relação às opções que a história até então nos oferecia (algumas já experimentadas exaustivamente por integrantes do grupo, todas concentradas na questão da tomada do poder, mas, uma vez lá, nada dizendo de prático sobre o dia seguinte[2].).

Contudo, mal viráramos essa página, o fantasma do poeta Carlos Drumond de Andrade se intrometeu em nossas discussões e desafiou: "E agora José?". Leonel Itaussu, um dos principais animadores do grupo, não pode nos ajudar a enfrentar o desafio, pois, para tristeza nossa, morrera. E o grupo se dispersou logo em seguida — não pela morte do aguerrido companheiro, mas pela nossa incapacidade coletiva de dar resposta à perturbadora pergunta.

Em 2014, houve um acontecimento que alterou definitivamente minha percepção da questão socialista. Foi a publicação, aqui no Brasil, d'*O capital no século XXI*, que Thomas Piketty publicara na França em 2013. A leitura desse texto, combinada com outras que vinha fazendo de Hannah Arendt (*Sobre a revolução*), convenceram-me da pertinência das preocupações que havia tempos eu tinha sobre a questão do *dia seguinte* à conquista do poder por um partido progressista qualquer.

---

2 Conhecemos a tese de Hannah Arendt sobre a gênese dos 'conselhos', instituições populares de base, profundamente democráticas, produzidas naturalmente por um longo processo histórico e capazes de barrar tendências anarquistas que toda revolução gera. Mas isso não tem nada a ver com o autoritarismo dos partidos jacobinos ou leninistas, nem constitui garantia de que não possam ser esmagados por estes partidos, tal como foram no passado.

Segundo Arendt, é a partir do século XVIII que homens e mulheres insatisfeitos com seus governantes atendem ao chamado para lutarem não apenas para derrubar o governo que têm, mas para inaugurar um novo tempo de liberdade[3]. Não sabem que seus líderes não se dedicam com a energia necessária e suficiente para pensar em como resolver os problemas materiais que os atingem e que passarão a dominar as atenções no dia seguinte à tomada do poder. É quando, pressionados pelas justas demandas das forças sociais que os levaram ao poder, os governos revolucionários tentam materializar os sonhos de justiça e igualdade do povo, mediante edição de uma enxurrada de éditos, leis e decretos recheados de boas intenções mas vazios de objetividade. Sua crença nas virtudes mágicas da revolução — que os fazia pensar que esta, uma vez iniciada, criaria imediatamente meios próprios para realizar os objetivos de felicidade do povo[4] — é logo desmentida pela realidade. Vem então a derrota, tanto para a esperada como para uma inesperada oposição (insuflada ou não que tenha sido por políticas de terror utilizadas pelo novo governo, como forma de conservação do poder), e, em seguida, tem início a restauração. Aceitei essa análise, que estou atribuindo a Hannah Arendt. De fato, a sucessão de movimentos revolucionários que chegam ao poder e não demoram a ter que cedê-lo aos conservadores por

3 As revoluções socialistas diferem das liberais-burguesas neste ponto, porque, desde o início, invadem o espaço político com a promessa, não de uma liberdade em abstrato, mas do atendimento das necessidades materiais da maioria. Já na questão do 'dia seguinte, não há diferença: ignoram as medidas práticas para construir o *novo* prometido.

4 E poderia mesmo criar, se não fossem esmagados pelo centralismo autoritário dos partidos no poder.

absoluta falta de conhecimento de como colocar de pé o *novo* que prometeram, constitui quadro doloroso. Penso na "revolução dos cravos". Despertou comoventes sonhos de liberdade e fraternidade em Portugal naquele 25 de abril de 1974, mas murchou melancolicamente no dia seguinte, sem realizar os sonhos de que fora feita. Desenlace pior é quando um governo, supostamente de esquerda, adere despudoradamente a teses conservadoras que antes criticava radicalmente — seja porque ignore os meios necessários para fazer uma verdadeira transformação política e social, seja por ser moralmente fraco, tanto faz, no fundo o que prevalece é o desejo de se manter no poder.

Para Thomas Piketty, não existe o drama de não saber o que fazer no "dia seguinte" à formação de um governo progressista, seja qual for o modo como este tenha chegado ou venha a chegar ao poder. Por uma simples razão: aquilo que tal governo deve saber para pôr em prática no 'dia seguinte', é o que deve saber para pôr em prática hoje! Ou seja, não existe um *novo tempo* futuro, grávido das soluções que deverão brotar como que por encanto do espírito de uma suposta revolução. Mas isto é o que muitos revolucionários sinceros pensam, num misto de adesão espontânea à filosofia hegeliana da história e ao milenarismo! A filosofia da história de Hegel embute uma espécie de determinismo, na descrição da sucessão de grandes períodos históricos. Absorvida pelo marxismo vulgar, traduz-se em crença na inevitabilidade do fim do capitalismo e simultâneo início do socialismo. A exceção seria o trotskismo que, ao sentenciar que no futuro teremos socialismo ou barbárie, estaria negando o determinismo histórico. Mas, não. Creio que o dilema enunciado seja mais um recurso retórico de Trotsky, pois, partindo da hipótese de que a ciência da história prevê necessária negação da barbárie pela classe operária, o que ele faz é responder implicitamente ao dilema, afirmando a inevitabilidade do socialismo.

Críticas pertinentes desse historicismo filosófico foram feitas por pensadores como os franceses Maurice Merleau-Ponty (*A crise do entendimento*, 1955) e Cornelius Castoriadis (*A invenção imaginária do Estado*, 1975). Mas talvez a explicação mais convincente da inércia intelectual em que se encontra a esquerda hoje em todo o mundo seja o milenarismo. De origem religiosa, o milenarismo se refere à crença na ocorrência de um evento futuro, a partir do qual teria início imediato um tempo de justiça e felicidade. No caso, o evento futuro, cujo tempo de espera milenar já teria vencido, é a revolução socialista. E esta ocorrerá com a conquista do poder político do Estado. Logo, não seria preciso pensar no que fazer no tal dia seguinte; nem, a rigor, no dia de hoje. Basta tomar o poder, já está tudo pensado, o fórceps forjado pela história passada é suficiente para fazer nascer a revolução e, consequentemente, o novo mundo[5].

Contudo, não é preciso ser um fatalista para observar, em gráficos de fenômenos da história econômica do capitalismo, a existência de "curvas" que podem retratar tendências e alimentar

5 Merleau-Ponty considera falsos, estes "revolucionários". O verdadeiros revolucionários, a começar por Marx, "... vivem a época em vez de procurar nesta , como o fazem os pequenos, esquecer-se de obsessões pessoais. Eles sabem que a história universal não é para ser contemplada, mas para ser feita, e o que eles põem de si mesmos na revolução não é um vago fundo de milenarismo, é uma inteligência aguda dos acontecimentos". *Les aventures de la dialectique*, Gallimard, 14ª édition, Paris,1955 .

naturalmente previsões de eventos futuros. Por isso, na opinião de Piketty, em que pese precariedades metodológicas circunstanciais, Karl Marx podia, sem pecado epistemológico, ter verificado — em meados do século XIX, pleno desenvolvimento industrial da Inglaterra — uma curva de custo de vida, representando, em espaço de tempo considerável, forte tendência de crescimento da miséria entre os trabalhadores e os pobres em geral. E, a partir daí (agora não sem pecado), prognosticou o fim inevitável do capitalismo. Ou seja, pressionados por uma miséria extrema e se tornando paradoxalmente conscientes da força que possuíam, os operários poriam fim ao capitalismo e colocariam no seu lugar o socialismo, forma superior de organização econômica e social. Em sentido contrário, quase um século depois, com base em dados objetivos que configuravam uma curva econômica descendente, o americano Simon Kuznets mostrava que, entre 1913 e 1948, tinha havido significativa queda da participação dos dez por cento mais ricos da sociedade americana na renda nacional — caíra de 40%-50% para 30%-35%. E, daí, ele previu o advento de uma nova sociedade harmoniosa e equilibrada, não somente nos Estados Unidos, mas em todo o mundo, como resultado de hipotética generalização do modelo de desenvolvimento econômico e social americano. Thomas Piketty destaca o valor científico da pesquisa de Kuznets, mas afirma que esta apresenta um erro fatal, o mesmo da "pesquisa" de Karl Marx: ambas convertem regularidades estatísticas de médio prazo em "leis" aplicáveis no longo prazo — Marx, induzido provavelmente por sua filosofia da história; Kuznets, por seu engajamento ideológico em defesa do liberalismo. De qualquer modo, Piketty reconhece a validade dos métodos de pesquisa utilizados por esses pensadores, que se baseiam em dados da economia real, especialmente a pesquisa de Kuznets, que ele considera admiravelmente bem documentada. Piketty então, com base em dados apurados e metodologia qualificada, os corrige, mediante alongamento das curvas de rendimento em que as conclusões, tanto a pessimista como a otimista, se apoiam. Ele mostra que a curva de longo prazo dos rendimentos do trabalho (cobrindo um lapso de tempo de 120 anos), incluindo o período estudado por Marx, apresenta uma inflexão positiva, revelando que o poder aquisitivo dos salários foi multiplicado por dez e que, portanto, este deixa de ser o fator explosivo anteriormente detectado. Mostra também que a curva de rendimentos dos mais ricos descrita por Kuznets, quando devidamente alongada, revela que a participação dos 10% dos americanos mais ricos na renda nacional retornou, por volta dos anos 2010, aos altos níveis de 1913, ou seja, 40%-50%, e que, portanto, deixam de apoiar a sua tese de uma continua redução da desigualdade e consequente solidificação do modelo liberal de economia e sociedade. Ou seja, não é o prognostico em si que se critica, pois será sempre importante imaginar cenários futuros; mas o método utilizado no prognóstico.

Vale então ressaltar: *profecia* é uma antevisão anunciada por pessoa supostamente iluminada por uma divindade, um profeta; *previsão* é crença metodicamente apoiada em dados, presunções e probabilidades; e faz parte do espírito científico. Fica evidente que Piketty não considera que Marx ou Kuznets tenham feito profecia; considera que fizeram previsões erradas, mas com dados verdadeiros, particularmente os levantados por Kuznets. E, por isso, pôde inspirar-se neles para escrever *O capital no século* XXI, uma obra de ciência que, como tantas outras surgidas ao longo da história, é um comovente manifesto em defesa do futuro.

Há ainda pensadores que continuam defendendo a tese da impossibilidade de um futuro qualquer para a sociedade atual. Um deles é o historiador da arte T.J. Clark. No ensaio *Por uma esquerda sem futuro*, ele argumenta que vivemos um tempo em que o futuro, visto como o advento de uma sociedade alternativa ao capitalismo, supostamente buscada pela esquerda, é uma impossibilidade. Tanto a esquerda 'realmente existente' ("socialdemocrata") como uma esquerda idealmente existente ("revolucionária") aderem a uma espécie de *presentis*mo. A esquerda 'realmente existente' mergulha no presente e finge estar resolvendo os problemas profundos, complexos e extensos do capitalismo atual com falsas soluções gerenciais, soluções que nada resolvem. E a idealmente existente, consciente de que a sociedade está sendo irremediavelmente triturada pelo 'moinho satânico' em que se converteu o capitalismo, mergulha também no presente, e, nas palavras de Clark, fica "o tempo todo revolvendo as entranhas do presente em busca de sinais de catástrofe e salvação". Assim, para esses pensadores não há que se pensar no que fazer no 'dia seguinte', porque não há dia seguinte. Quanto à esquerda da esquerda, em que parece situar-se Clark (também sem futuro), esta seria uma esquerda trágica. Dado que o capitalismo caminha para a tragédia, fim que se sabe inevitável, esta esquerda deve perceber em toda a sua extensão os efeitos do processo trágico de extinção, buscando destemidamente formas de sobrevivência e combate aos efeitos da destruição, que deverão ser buscadas fora das alternativas pensadas pelas esquerdas real e idealmente existentes. Para Clark e, por que não dizer, para o filósofo Paulo Arantes, autor do livro *Novo estado do mundo*, que também argumenta em favor da tese da impossibilidade do futuro, cabe perguntar: que formas alternativas de sobrevivência e combate poderiam ser essas que aventam? — Ninguém pode saber antecipadamente, diria a esquerda da esquerda. O velho argumento do poder criador da revolução.

Mas, com sua extraordinária pesquisa, Thomas Piketty está dizendo que nós podemos saber antecipadamente o que fazer. Não para fazer a revolução, destruir o moinho satânico e criar o paraíso na terra[6], mas para remover entraves econômicos e políticos estruturais do capitalismo, que impedem uma distribuição mais eficiente e menos desigual das riquezas produzidas pela sociedade. Convencido de que talvez um pouco das ideias de Thomas Piketty possam ajudar a justificar minhas crenças atuais, convido o leitor a ler minhas resenhas de *A economia da desigualdade*, *O capital no século XXI* e *Vivement, le socialisme!*, apresentadas como apêndices deste livro.

Resumindo, sou um socialista democrático, que acredita em racionalidade pragmática, mas não vê no Brasil uma representação partidária dessas ideias. Estamos às vésperas de uma eleição para eleger um novo governo para o país, e nenhum partido situado no campo da esquerda apresenta propostas claras e objetivas

---

6 As páginas do portentoso estudo de Orlando Figes, *A tragédia de um povo*, contêm implicitamente a tese de que uma revolução, vista em geral pelo seu lado romântico como uma espécie de "fiat lux", é antecedida por processos históricos que podem esterder-se por muitas gerações.

para começar a remover o principal entrave ao aprofundamento da nossa democracia, ou seja, propostas de transferência de rendas e riquezas do capital privado e dos altos salários para o capital público, mediante novas leis tributárias.

Ou melhor, alguns apresentam sim. Por exemplo, no documento intitulado "Plano de reconstrução e transformação do Brasil", de setembro de 2020, publicado pelo Partido dos Trabalhadores de Lula, assim como no livro *Projeto Nacional: o dever da esperança*, do candidato à presidência da república Ciro Gomes, estão relacionados objetivos de transformação, como uma reforma tributária que alcança o grande capital, particularmente o financeiro, as altas rendas e as heranças. Mas, até prova em contrário, esses discursos são contaminados pela necessidade em que se encontram de conciliar o inconciliável: os objetivos da esquerda que quer transformar e os da direita que quer manter o estado atual. Não podem ser levados a sério. De fato: podem ser levados a sério discursos de transformação democrática do Brasil de candidatos que declaram antecipadamente que, para ganharem as eleições, precisam aliar-se àqueles que sempre conspiraram contra a redistribuição das rendas e riquezas do país? Este tipo de declaração está no convite de Lula para que Geraldo Alkmin integre sua chapa como candidato vice; e a de Ciro está em imaginar a existência de uma nova geração de empresários, diferente da que vendeu seus negócios para viver de especulação financeira, que apoiará as propostas de transferência que defende, caso chegue à presidência.

No artigo seguinte, *Pro Consensus*, opino sobre o que poderia ser o programa de um governo reformador para hoje.

*PRO CONSENSUS**

* Argumento desenvolvido a partir de teses do socialismo de Thomas Piketty.

Tendo em vista o fato de que largos setores politizados da sociedade brasileira estão conscientes da necessidade de o Brasil realizar reformas urgentes, como condição para avançar na construção de uma sociedade mais democrática e menos desigual; e também que, embora possam ser classificados genericamente de progressistas, estes setores não são politicamente homogêneos, é importante destacar os objetivos em torno dos quais parece existir hoje nas esquerdas significativo consenso, incluindo até parcelas esclarecidas do espectro liberal da sociedade. São objetivos que podem constituir-se em elementos de um programa de ampla aceitação para a formação de um governo reformador[1] para o próximo período.

1 Entenda-se por 'governo reformador', um governo que inclua, além do poder exe-

Que objetivos são estes?

1. Realização de uma reforma político-eleitoral, que reduza o número atual de partidos políticos e regule os financiamentos das campanhas eleitorais, neutralizando o peso do poder econômico nas eleições, de modo a retirar o tema da governabilidade do noticiário policial e devolvê-lo ao terreno da negociação política legítima; e criação de meios de controle dos mandatos eletivos do tipo "*recall*".
2. Incorporação da cidadania aos processos decisórios nacionais, mediante efetivação dos institutos constitucionais do Plebiscito e do Referendo.
3. Revogação da lei do foro privilegiado
4. Enfrentamento dos problemas derivados da descomunal concentração da propriedade rural do país, por meio de uma reforma agrária concreta, há décadas adiada; e demarcação de terras indígenas e/ou destinadas às funções de sustentação ambiental.
5. Realização de uma reforma tributária que (a) institua/eleve impostos sobre o capital, as heranças e os supersalários; (b) elimine a lógica de tributação regressiva que permeia nosso Código Tributário, penalizando principalmente os mais desfavorecidos; c) aprimore o modelo de tributação simplificada, para estimular e trazer para a formalidade os pequenos empreendedores; e d) institua alguma espécie de imposto negativo ou renda básica universal.
6. Cumprimento da lei do teto constitucional dos salários de

---

cutivo também os poderes legislativo e judiciário, sem os quais não se fazem mudanças.

servidores públicos e agentes políticos, sem exceções ou subterfúgios, de modo a impedir que beneficiários de salários percebidos pela maioria da população como injustos e imorais para o contexto brasileiro, sejam os mesmos incumbidos de elaborar e zelar pelo cumprimento das leis de proteção social.

7. Continuidade à política de valorização do salário mínimo nacional.
8. Apoio técnico e financeiro à agricultura familiar e ao cooperativismo, com vistas ao combate à fome e à desnutrição da população de menor renda.
9. Promoção de uma verdadeira revolução nos serviços públicos do país, particularmente na educação, elevando expressivamente os investimentos nesta área, a exemplo do que foi feito com sucesso em países da Ásia e em Cuba, e incorporando os professores e os funcionários administrativos nos processos decisórios. Não somente como meio de elevação das rendas do trabalho mas também como condição de aprimoramento da participação política.
10. Recuperação dos cursos universitários de pós-graduação e consequente fortalecimento das pesquisas científicas e sociológicas, assim como do desenvolvimento tecnológico, com ênfase nos programas voltados para a inovação dos produtos, serviços e processos.
11. Extinção das polícias militares e concomitante remodelação e fortalecimento das polícias civis, com ênfase nas ações de prevenção; definição pelo governo da União de estratégias e meios para que a Polícia Federal e a Receita Federal, em sintonia com ações de órgãos internacionais, possam realizar

o combate ao tráfico de armas e entorpecentes; e reforma do sistema prisional do país, de modo a substituir a lógica de aprofundamento da exclusão e degradação em que vivem os apenados por outra que garanta condições humanas de recuperação por métodos de educação e trabalho.

12. Reforma urbana, visando à eliminação do déficit de moradias populares no país e à remoção dos fatores que entravam a mobilidade das pessoas.

Do campo liberal-progressista – em tese ocupado também por pessoas que, mesmo sem militância partidária, são sensíveis à ideia de construção de uma sociedade menos desigual e mais democrática – a crítica a este "programa de consenso" talvez se restringisse a apontar lacunas. Diriam que a lista deveria incluir mais este ou aquele objetivo...

Do campo marxista – em que militam organizações e partidos que defendem uma revolução socialista em moldes clássicos como condição para a realização de um programa verdadeiramente democrático – a crítica diria no essencial que tal lista mesmo que modificada aqui e ali caracterizaria uma proposta, cuja lógica, de natureza reformista, ao fim e ao cabo deixaria o governo eventualmente eleito em sua defesa patinando no interior de um sistema político e social moribundo, impotente para promover qualquer mudança significativa.

Analisando hipotéticas críticas destes dois campos — que podemos juntar com o nome de 'campo da esquerda' — observamos que sugerem programas alternativos com os quais o esboço de "programa consensual" que apresentamos teria um importante ponto em comum: a busca do atendimento de demandas da sociedade como um todo, e não as de um segmento em particular como um grupo econômico, um sindicato ou corporação; numa palavra, ambos seriam programas orientados por lógicas políticas e não por lógicas sindicais. Se fossem orientados por lógicas sindicais, estariam propondo indiretamente a sindicatos, entidades e movimentos sociais que gastassem suas melhores energias em lutas inglórias, cujos resultados, naquilo que importa, têm sido e continuarão sendo um misto de derrotas e desesperança. De fato, as lutas sindicais — que, de meados do século XIX a meados do século XX, eram altamente explosivas e subversivas — são hoje travadas burocraticamente dentro dos limites de uma estrutura de distribuição de poder e riquezas que não dão margem a qualquer conquista, independentemente dos recursos disponíveis; diferentemente, um programa político com vocação reformadora e democrática, como o que deriva do 'consenso' alinhavado, implica na aceitação da necessidade de romper os limites do particularismo, deixando em aberto apenas a questão da determinação da extensão em que as desigualdades estruturais serão efetivamente reduzidas na prática politica. Mas esta é já outra questão, a questão da correlação das forças políticas efetivas para execução do programa. O que assumimos de início sobre o assunto é que a ausência de um decidido programa consensuado de reformas é um dos principais fatores da desorientação e consequente inércia das esquerdas na atual etapa das lutas socialistas. Aqui e lá fora.

Do campo liberal-conservador, provavelmente a crítica mais contundente seria dirigida contra o objetivo de criação/elevação de impostos sobre o capital. Particularmente, os segmentos ultraconservadores tentariam convencer a opinião pública de que se estaria propondo um ataque comunista à propriedade privada. Sem fundamento. O objetivo da tributação das altas rendas, patrimônios e heranças, ao lado dos demais objetivos que compõem o "programa consensual" para o próximo período, seria, em princípio, apenas um modo de operar um ajuste democrático do capitalismo brasileiro, visando reduzir a médio prazo as desigualdades econômicas que permeiam a nossa sociedade; e, ao mesmo tempo, estimular o crescimento econômico. Até porque a história mundial recente já demonstrou enfaticamente que leis para suprimir os institutos da propriedade privada e do mercado, mesmo as editadas por governos sinceramente revolucionários, têm se mostrado inócuas.

Imagino que os economistas liberais taxem de "populistas" e "demagogos" os que propõem transferência de recursos da rubrica capital para a rubrica trabalho. "Já investimos tão pouco hoje com o que temos, o que acontecerá amanhã com o investimento e, consequentemente, com a geração de empregos, depois dessa transferência?" O pressuposto é que atuam com um mínimo de capital, e o ideal é que contassem com mais, relativamente ao trabalho. Mas as teorias econômicas atuais dizem que os coeficientes de participação do capital e do trabalho na renda total do país podem variar em função das leis do mercado e das inovações tecnológicas. Assim, de que adiantaria aumentar o capital e a produção, às custas do empobrecimento dos trabalhadores? Nada. A menos que o objetivo do aumento do capital não seja a produção, mas a especulação financeira. Portanto, é óbvio que é necessário encontrar um equilíbrio nessa relação capital-trabalho. Coisa para especialistas, que vão analisar o complexo fenômeno das elasticidades dos fatores, a fim de que a adoção de uma medida não produza resultados contrários aos que esperavam seus formuladores.

Mas a necessidade de compatibilizar nossos projetos com o conhecimento que tenhamos da resistência ou flexibilidade dos materiais das obras que queremos construir não deve nos dispensa de conhecer também a história dessas obras ao longo do tempo. Piketty nos informa que a relação média entre os coeficientes de participação do capital e do trabalho na renda total dos países, ao longo dos últimos 120 anos, revela a surpreendente regularidade de 1 para 3. Ou seja, o capital vem abocanhando 33,33% das rendas nacionais; e o trabalho, 66,67%. Ora, comparando esses números com um estudo sobre distribuição funcional da renda no Brasil[2], feito por Estevão Kopschitz Bastos, pesquisador do IPEA, verificamos que são compatíveis com os de Piketty. E sonhamos com a possibilidade de estar diante de uma "janela de oportunidade" para fazer uma transferência de renda que poderia contribuir

2 "Distribuição funcional da renda: estimativas anuais e construção de uma série trimestral". (Texto para discussão/IPEA 1702). Bastos, Estevão Kopschitz Xavier — Técnico de Planejamento e Pesquisa da Diretoria de Estudos Macroeconômicos do IPEA.

para a mudança de nosso modelo econômico. Dados colhidos por ele no período 1994-2008 revelavam que a participação do trabalho na renda nacional (salários e ganhos de profissionais autônomos) era de cerca de 60%, sendo consequentemente de 40% a participação do capital[3]. O mesmo estudo informa que, em relação à maioria dos países, a participação do trabalho no total do valor produzido, supondo-se que medido por método semelhante, situava-se no intervalo de 65% a 80%.

Não há razão objetiva para imaginarmos que uma alteração radical de titularidade da propriedade do capital de um país — dos capitalistas para os trabalhadores —, dispensaria os novos titulares de separar o *tantum* exigido pelo sistema econômico para manter a economia produzindo mais riquezas. (Assim como alguns técnicos de futebol criam hoje um falso 9, que é um verdadeiro 9 que faz gols com outro número nas costas, os titulares de uma eventual massa de rendimentos do trabalho reforçada pela absorção das rendas do capital teriam que criar um falso capital, que seria um verdadeiro capital cumprindo as funções de capital com o nome de rendimento do trabalho!). No quadro atual do

3 Tabelas sobre distribuição funcional das rendas no Brasil têm apresentado divergências às vezes significativas. A mais importante delas parece derivar do fato de o pesquisador aderir ou não ao chamado ajuste metodológico de Gollin, que consistiu em somar as rendas do trabalho com as rendas (mistas) dos empregados autônomos. Tal ajuste, que eleva o coeficiente de participação das rendas do trabalho na renda nacional, foi acolhido pela tabela que estamos utilizando, elaborada por Bastos/IPEA. Assim ficamos livres da suspeita de estarmos puxando a brasa para nossa sardinha, já que nosso objetivo é mostrar que existe margem para aumento da participação das rendas do trabalho na renda nacional. (Bresser Pereira, Luiz Carlos, em seu livro *Em busca do desenvolvimento perdido* apresenta coeficientes de participação dos rendimentos do trabalho menores, provavelmente por utilizar números do Sistema de Contas Nacional/IBGE, não ajustados à Gollin).

Brasil, quanto exatamente das rendas nacionais deve a sociedade permitir que seja "separado" para que o sistema produtivo continue funcionando para gerar mais riquezas? Dado que não existe fórmula abstrata para nos dar esta resposta, só podemos especular com os parâmetros de distribuição das rendas nacionais colocados empiricamente em evidência pelas pesquisas de história econômica de Thomas Piketty, envolvendo países de economias complexas como a nossa. A representação gráfica da regularidade da proporção que apresenta não é uma linha reta; uma linha sinuosa é mais apropriada para representar a tensão sob a qual se desenvolve a relação entre as rendas do trabalho e do capital ao longo da história. Conforme demonstra, houve momentos e situações de ordem política e bélica (guerras) na história do capitalismo em que a parcela das rendas do trabalho aumentou significativamente, a do capital diminuiu, e vice-versa.

Voltemos ao sonho. Com base nas pesquisas de Bastos, a posição da relação trabalho/capital na participação das rendas nacionais, para a 'maioria dos países', nos anima com a possibilidade de que a participação do trabalho na renda nacional do Brasil possa ser paulatinamente elevada até o *menor* porcentual que atinge na 'maioria dos países', ou seja 65%; consequentemente, o mundo do trabalho poderia contar com mais 5% da renda nacional[4], correspondente no final de 2017, a mais R$295,2 bilhões/ano de transferência de renda do capital para o

---

4 Renda Nacional Bruta=Produto Interno Bruto (PIB). Para efeito de distribuição, seguindo Piketty, consideramos a Renda Nacional Líquida, a qual deve corresponder a 90% da Renda Nacional Bruta. Segundo o IBGE, o PIB do Brasil em 2017 foi de R$6,56 trilhões; portanto, a Renda Nacional Líquida foi de R$5,90 trilhões.

trabalho, considerada uma situação em que forças 'progressistas' estejam no governo e as condições políticas sejam favoráveis[5].

A esta desigualdade na distribuição da renda nacional entre o trabalho e o capital, estabelecida quando comparamos nossos coeficientes de participação com os da maioria dos países de economias complexas como a do Brasil, soma-se outra desigualdade estrutural na distribuição de renda em nosso país. É a que ocorre internamente ao universo do trabalho, onde se registra extrema e iníqua concentração de rendimentos em mãos de uma minoria. Diferentes fontes de pesquisas, internas e externas, convergem para a vexatória conclusão de que o Brasil é campeão absoluto quando se comparam desigualdades entre rendas provenientes do trabalho[6] em diversos países. Vejamos três referências disponíveis:

---

5 No caso, condições em que os proprietários das grandes fortunas sejam obrigados, pelas circunstâncias históricas em que vivemos, a compreender e aceitar que intervenções de caráter político-regulatório não significam necessariamente a presença da mão visível da revolução na economia de mercado; significam apenas que, por vontade democraticamente constituída da sociedade, tornou-se inevitável e inadiável a realização de reformas visando ao alargamento do processo democrático e à redução das desigualdades. Piketty afirma que foram exigências impostas pelo esforço de guerra dos Estados Unidos ('circunstâncias históricas') que fizeram com que a participação dos 10% mais ricos na renda nacional daquele país caísse em poucos anos de 50% para 35%! Ora, é geral entre os brasileiros o sentimento de que se impõe ao Brasil um esforço de guerra contra as desigualdades abissais que dividem nossa sociedade.

6 É evidente a superioridade do método de Simon Kuznets de medição das desigualdades das rendas do trabalho, mediante referência à sua apropriação por decis e percentis da população. (E não por subgrupos ou classes sociais, cuja quantificação e delimitação será sempre difícil e problemática, principalmente quando se pretende estudar a desigualdade ao longo da história. É que os significados daqueles termos não são os mesmos nas diferentes épocas...)

Referência 1: Piketty, Thomas. *O capital no século xxi*, Intrínseca, 2014, p. 242. Os números mostram o quadro da desigualdade no interior do universo do trabalho em várias partes do mundo. Nos países escandinavos (anos 1970-80), os *10% mais ricos* da população levavam 20% do total dos rendimentos oriundos do trabalho, e *o 1% mais rico* levava 5%; *os 50% mais pobres* levavam 35%; e *os 40% da faixa intermediária* levavam 45%. Na Europa (2010), *os 10% mais ricos* levavam 25%, e *o 1% mais rico*, 7%; *os 50% mais pobres* levavam 30%; e *os 40% da faixa intermediária*, 45%. Nos Estados Unidos (2010), *os 10% mais ricos* levavam mais de 46% e *o 1% mais rico*, 12%. Por comparação, verifica-se que nos países escandinavos a desigualdade é baixa, na Europa é moderada e nos Estados Unidos é alta.

Referência 2: "Distribuição de renda *no Brasil: persistência do elevado grau de desigualdade*", artigo de Maria Cristina Cacciamali[7]. No Brasil (1999), os *10% mais ricos* levavam 46,8% dos rendimentos provenientes do trabalho; e *o 1% mais rico* levava 13%[8]; *os 50% mais pobres* levavam 13,9%; e os *40% da faixa intermediária*[9] levavam 39,3%. Este quadro

7 Professora Titular da Universidade de São Paulo, pós-doutora pelo *Massachussetts Institute of Technology*. A pesquisa de Cacciamali narra a trajetória da distribuição dos rendimentos da população economicamente ativa do Brasil no período de 1960 a 1999. Com alguma variação, os números da desigualdade se mantêm. Utilizaremos apenas os relativos ao ano de 1999.

8 Pesquisa recente de Pedro Ferreira de Souza (*Uma história de desigualdade, a concentração de renda entre os ricos no Brasil*) corrige estudos anteriores, com base em metodologia qualificada, mostrando que o 1% mais rico apropria-se continuadamente, há décadas, de 23%, em média, da renda nacional.

9 Por inferência, já que o recorte de grupos da pesquisa não contempla esta faixa.

refere-se ao ano de 1999, mas tudo indica que quase duas décadas depois pouco se alterou.

Referência 3: Dados do *World Wealth & Income Database*, dirigido por Thomas Piketty, citados em matéria publicada no *Nexo Jornal*, em 25/09/2017. No Brasil, em 2015, *os 10% mais ricos* ficavam com 55% dos rendimentos oriundos do trabalho; *os 50% mais pobres,* com 12%; e os 40% da faixa intermediária, com 33%.

Ajustes metodológicos, como o de Gollin referido na Nota 19, em geral explicam eventuais diferenças apresentadas por diferentes pesquisas. Mas, como afirmamos, não anulam o fato principal para o qual todas as pesquisas convergem: a desigualdade entre as rendas do trabalho no Brasil é das mais iníquas e extremas do planeta. Com estas reservas em mente, destacamos os coeficientes de Gini[10] apontados nas Referências 1, 2 e 3, pois estes reafirmam as enormes dimensões da desigualdade de renda entre nós. Nos países escandinavos (2010), o coeficiente de Gini era 0,19; na Europa, 0,26 e nos Estados Unidos, 0,36. No Brasil, pela Referência 2 (1999), era 0,58; pela Referência 3 (2016) era 0,49; e pela PNAD contínua 2016/IBGE era 0,55.

---

10 Fonte: UN-WIDER (United Nations University). O Coeficiente de Gini mede o grau de concentração das rendas em uma sociedade. Vai de 0 (desigualdade nula) a 1 (desigualdade extrema) na distribuição das rendas do trabalho. Grosso modo, Gini define desigualdade como a diferença entre o percentual de indivíduos pertencentes a determinado grupo de rendas e o percentual de participação que este grupo tem no total das rendas distribuídas. Por exemplo, se os 10% mais ricos abocanham 10% da renda nacional, e os 50% mais pobres levam 50% desta, estaríamos diante de uma situação de igualdade. Mas nesta definição, igualdade ou equidade não é sinônimo de justiça, conceito que compreende outros valores que não os econômicos.

Realmente não há como inferir com exatidão uma trajetória de queda do coeficiente de Gini, de 1999 a 2016, a partir de pesquisas desconectadas ou cujos eventuais nexos metodológicos são ignorados[11]; mas a partir do reconhecimento público de que teve vigência no país, por quase uma década e meia, políticas de valorização do salário-mínimo e outras de cunho redistributivo, é razoável supor que possa ter ocorrido queda ainda que pequena. De qualquer modo, 0,49 — menor número da amostra que levantamos — é um coeficiente de Gini convincentemente revelador de uma brutal concentração de renda entre nós. Lembremos, em um país desenvolvido moderadamente desigual como a França, o coeficiente de Gini foi de 0,26! O Brasil, com suposto Gini 0,49, figura em segundo lugar no ranking dos dez países latino-americanos de maior desigualdade, sendo superado neste quesito apenas pelo Haiti, país devastado, cujo Gini no mesmo ano era 0,58.

É curioso notar, sob a ótica do conceito de desigualdade implicado pelo coeficiente de Gini, que pode existir situação de distribuição que seja, ao mesmo tempo, igual e injusta. Mais curioso ainda, pode existir situação que seja, ao mesmo tempo, desigual e injusta. É o caso do Brasil. Comentando sobre tendência à concentração crescente dos rendimentos do trabalho nos Estados Unidos a partir dos anos 1980, Piketty vaticina um futuro sombrio para o poderoso país: em 2030, os 50% dos americanos mais mal remunerados, diz ele, poderão receber menos da metade do total recebido pelos 10% mais bem pagos (!). Ora,

---

11 Esta afirmação foi feita antes de *Uma história de desigualdade* de Pedro Ferreira de Souza.

o que pensar do nosso pobre país? Já hoje, segundo a Referência 3, os 10% mais ricos da população brasileira apoderam-se de 55% do total das rendas provenientes do trabalho; e os 50% mais pobres ficam com muito menos da metade deste volume — apenas 12%. Será que somente resta aos brasileiros consolarem-se com o fato de que este quadro de desigualdade não constitui uma "tendência de alta", uma vez que há décadas a relação entre as classes de renda mantem-se estável?

Importante também chamar a atenção para o caráter contraditório do nosso processo de distribuição de rendas do trabalho. Entre 2001 e 2015, os 10% mais ricos e os 50% mais pobres viram suas rendas aumentarem em 1%, enquanto para os 40% da faixa intermediaria as rendas caíram de 34% para 32%. Este contraste, em particular, lança luz sobre o processo de radicalização política em curso, com a "classe média" responsabilizando e atacando injustamente os pobres pelas suas perdas, e sobre o equívoco em que incorre a esquerda, ao eleger esta "classe média" como seu principal inimigo, deixando de explicar que também esta poderá ter elevado seu índice de satisfação social em um futuro Estado Social.

Outra situação que merece reflexão é a da participação do milésimo mais rico da população (0,1%) nas rendas originárias do trabalho. Sempre baseado em dados do instituto de pesquisas de Piketty, o artigo do *Nexo Jornal* revela que um trabalhador brasileiro que ganhe um salário mínimo mensal precisaria trabalhar durante *19 anos* para acumular o equivalente ao salário de *um mês* de um brasileiro que pertença ao tal milésimo mais rico[12];

---

12 As conclusões de Pedro Ferreira de Souza a respeito (Hucitec, 2018) são mais drás-

revela ainda que a riqueza possuída por 6 (seis) destes brasileiros do milésimo de altas rendas é equivalente ao patrimônio de metade da população brasileira, ou seja, 100 milhões de pessoas!

As desigualdades de renda *per capita* entre os indivíduos da população, apresentadas em ordem crescente ou decrescente, revelam uma continuidade perturbadora. Mas é da consideração dos grupos de rendas em *decis*, *percentis* ou *milésimos* que extraímos as conclusões mais interessantes do ponto de vista econômico e político. Por exemplo[13], o grupo do milésimo mais rico da população (cerca de 208.000 pessoas) retira para si R$708 bilhões da renda nacional (12%) — a situação choca tanto do ponto de vista da apropriação per capita desta parcela, como do ponto de vista da apropriação total (0,1 para 12). O quadro explica, pelo menos em parte, a polarização atual do eleitorado brasileiro.

É possível redistribuir a renda nacional?

Tanto as rendas provenientes do capital como as derivadas do trabalho não somente podem como, em determinadas circunstâncias, devem ser redistribuídas. Justificativa? O caráter relativo e permanentemente mutável da titularidade dos créditos em uma economia de mercado, que a história da economia mundial registra, e as modernas teorias do dinheiro, das trocas internacionais e do crédito explicam. De fato, perdas de créditos monetários de pessoas, empresas ou Estados foram frequentes

---

ticas: um trabalhador que ganhasse um salário-mínimo teria que trabalhar 28 anos para receber o que recebesse em média quem pertencesse ao milésimo superior da distribuição.

13 A fonte dos percentuais mencionados neste parágrafo é citada em nossa Referência 3.

ao longo da história, impostas[14] pelas circunstâncias e aceitas pelos credores como meio legítimo de ajustar o funcionamento do sistema econômico. Como exemplo, citam-se as dívidas de guerra da Alemanha (exceto as referentes às vítimas do holocausto) que nunca foram pagas; do mesmo modo, há décadas que parte das dívidas dos grandes empresários brasileiros junto à Previdência social, embora "refinanciada" após sofrer megadescontos, não é paga. Os credores, no caso os governos europeus e brasileiro, concordaram em cancelar seus créditos em favor dos devedores sem nenhuma contrapartida, a não ser a convicção (nem sempre confirmada por eventos futuros) de que os cancelamentos, uma espécie de transferências, se faziam em nome do interesse do sistema econômico como um todo. Há ainda o caso recente do "ouro dos tolos" transferido a legiões de famílias nos Estados Unidos e na Europa, na figura de créditos imobiliários, e depois retomado pelos bancos, que sem dó nem piedade deixaram muitas pessoas sem ter onde morar. Portanto, forma particular de alteração da titularidade de créditos, a redistribuição seja lá do que for pode sim ser feita. E, muitas vezes, necessariamente deve. Todas elas terão sempre uma explicação, mas nem todas, uma justificação que atenda a critérios de justiça e solidariedade humanas. Consideremos a redistribuição encarnada na proposta de reforma da Previdência, hoje defendida pelo atual governo. Possui ela

14 "Redistribuição eficiente", que implica em intervenções diretas no processo de produção para corrigir imperfeiçoes do mercado, no sentido de Pareto? Ou "redistribuição fiscal", que implica em intervenções indiretas, via tributação? Piketty prefere a segunda. Mas não descarta a validade e maior eficiência da "redistribuição direta", em circunstâncias particulares.

justificação que atenda a critérios de justiça aceitos pela maioria dos cidadãos brasileiros? Não.

Transferindo rendas do capital

A redistribuição da renda nacional, transferindo para o universo dos rendimentos do trabalho uma parcela do que hoje é transferido para o universo das rendas do capital, talvez possa se justificar pela busca de um ajustamento da economia brasileira a uma regularidade econômica internacional, observável em mais de um século da história da economia de países como o Brasil; e também, certamente, por atender a um critério de justiça que pode ser aceito por pessoas sensatas. De fato, quem discordaria de que há justiça na adoção de medidas que assegurem condições para que a economia da sociedade tenha um crescimento equilibrado e contínuo? A riqueza privada é cada vez mais volumosa proporcionalmente à riqueza pública nas principais economias capitalistas do mundo, um fato que o economista Thomas Piketty classifica de potencialmente explosivo para a sustentação da economia de mercado. Segundo o economista, o fato configura uma situação em que a taxa de retorno do capital, continuamente aumentada, é, e tende a continuar sendo, maior do que a taxa de crescimento da economia e pode levar a crises políticas e sociais de proporções e consequências inimagináveis. Como método mais adequado para reverter este processo de aumento contínuo do estoque de capital privado, assim como meio para, ao mesmo tempo, deter o avanço do rentismo improdutivo, Piketty defende, entre outras medidas, a instituição de um imposto progressivo sobre o capital.

Por outro lado, mesmo que seja expressivo o montante de recursos que o imposto progressivo sobre o capital colocaria nas mãos do governo brasileiro (Na pior das hipóteses, cerca de R$300 bilhões/ano), é preciso não perder de vista que a principal função deste imposto — em sintonia com a dos impostos progressivos também instituídos em outros países — seria a de regulação geral do capitalismo. Isto significa dizer que, apenas subsidiariamente, este imposto contribuiria para o financiamento de políticas voltadas para a remoção dos entraves estruturais à redução das desigualdades entre nós. (Por exemplo, reforçando substancialmente o orçamento nacional para a educação). Ademais, dada a extrema mobilidade que caracteriza o capital no mundo de hoje e a dinâmica de maximização do lucro que o anima, a criação de um imposto progressivo sobre o capital teria que resultar necessariamente de uma articulação internacional. (Ainda que pudesse ser iniciada em âmbito regional). De qualquer modo, é preciso que as forças progressistas, de dentro e de fora de um eventual governo reformador, tenham consciência de que estão diante de um objetivo de longo prazo. E que objetivos de curto e médio prazos de combate às desigualdades, ainda que dependentes de articulações políticas no plano nacional (sempre difíceis), podem e devem ser perseguidos imediatamente.

Transferindo rendas do trabalho

À vista do quadro de extrema desigualdade que temos diante de nós, todas as vezes que os noticiários das rádios e das emissoras de televisão destacam privilégios de toda espécie, particularmente os remuneratórios, envolvendo políticos, parlamentares, membros do judiciário, integrantes do ministério público e da alta burocracia de órgãos do poder executivo, as pessoas comuns de todas as classes sociais, conscientes da miséria que fustiga grande parte da população brasileira, manifestam sentimentos de horror e desprezo contra os privilegiados. Se consultadas em Plebiscito ou Referendo, essas pessoas poderão ir além da indignação, apoiando não somente o cumprimento da lei do teto constitucional para os salários dos servidores públicos e dos agentes políticos, mas também a proposta de criação de um imposto progressivo sobre altas rendas e sobre heranças.

Somando os recursos provenientes destas medidas com os que poderão ser arrecadados com políticas consistentes de combate à sonegação fiscal e à concessão de favores fiscais injustificáveis, e com uma ação contínua contra a corrupção, um futuro governo progressista poderia dar início à construção da base sobre qual as modernas sociedades começam a reduzir as desigualdades entre as rendas do trabalho, ou seja, um poderoso sistema educacional envolvido com os problemas reais da sociedade.

Entretanto, por mais expressivos que venham a ser, os recursos financeiros arrecadados por meio deste conjunto de medidas não se constituirão no ganho maior da sociedade. O maior ganho será o sentimento de confiança no futuro que cada brasileiro experimentará, ao perceber que vive num país justo. Além disso, na medida em que protagonizem atos de justiça, as instituições governamentais e seus dirigentes ganharão credibilidade para liderar projetos de reformas de maior fôlego.

A POLÍTICA PODE VESTIR TOGA TAMBÉM. E DAÍ?

Junho de 2019

Ainda ontem, em seus embates com a esquerda sobre as ações da chamada 'operação Lavajato' contra o Partido dos Trabalhadores e, particularmente, contra o ex-presidente Lula, a direita brasileira procurava mostrar-se apartidária, repetindo os discursos em que o juiz Sérgio Moro e membros do Ministério Público Federal declaravam à sociedade que seus atos não excediam os limites de uma estrita aplicação das leis do país. Seriam, portanto, expressão de verdadeira Justiça — justiça imparcial, calcada na observância rigorosa dos fatos e dos procedimentos ordenados pelos códigos. Assumidos pela direita, tais "atos de justiça" pareciam feitos sob medida para justificar perante a sociedade os ataques de uma direita extremamente agressiva contra um ex-presidente da república que deixara o cargo com mais de 80% de aprovação da população ao seu governo.

Hoje, depois que a agência *The Intercept Brasil* publicou mensagens nas quais Moro discute com Deltan Dallagnol e outros membros do Ministério Público detalhes estratégicos de investigação relacionada a processos movidos pela 'operação Lavajato' contra Lula e o Partido dos Trabalhadores, desnuda-se um fato até então enfaticamente negado: o Moro em que a direita brasileira se apoiava para atacar a esquerda não era somente um Magistrado, era um político também. Não um político às claras, mas um político oculto na aparência de um magistrado que manda às favas o ato jurídico perfeito para fazer a sua "justiça". O fato não deveria surpreender, apesar da escassa credibilidade atribuída a muitos dos que têm denunciado a parcialidade das sentenças do ex-juiz. É que nunca houve por parte das partes (com perdão do trocadilho), sejam elas da esquerda ou da direita, respeito incondicional à forma jurídica. Os mesmos que, em determinados momentos, defendem ardorosamente a forma da lei contra atos discricionários não autorizados de adversários, em outros momentos combatem a forma em defesa das mesmas motivações que tinham antes para a sua defesa. Portanto, o fato de ter este juiz se associado a membros do MP para adentrar o campo minado da política, só surpreende pelas declarações enfáticas que fazia de que agia como magistrado, querendo com isto dizer que agia de forma apolítica, isenta. Mas não há mais como negar: há que se reconhecer que, excluído o papel da "providencial" facada, as decisões políticas da dupla Moro-Lavajato contribuíram decisivamente, não importa por que meios, para a vitória eleitoral de Bolsonaro, vitória que veio na esteira da proposta de um projeto conservador-autoritário para o Brasil.

Deve-se sublinhar este 'contribuíram'. Porque é evidente que não foram somente as manobras de Moro e da Lavajato que determinaram com exclusividade a vitória da direita e seu projeto ultraconservador nas eleições presidenciais de 2018. A direita contabilizava também, ainda que circunstancialmente, uma vitória ideológica sobre a esquerda, a partir das experiências governamentais petistas, então percebidas por significativos segmentos da sociedade como experiências fracassadas, por apresentarem resultados que ficaram muito aquém das expectativas de transformação político-social que a esquerda prometia. (Assinale-se, contudo, que este fenômeno aconteceu em várias partes do mundo, com semelhante percepção de fracasso e frustração em relação às experiências socialistas e social-democratas).

Que a atitude de Moro no episódio tenha sido ilegal, atentando contra a Constituição e o direito de defesa dos réus, não resta dúvida — embora para muitas pessoas teria sido também 'moral', na medida em que privou um político supostamente corrupto da liberdade e dos direitos políticos. E talvez para sempre. O respeitável filósofo brasileiro José Arthur Giannotti apresenta, em artigo polêmico de 2001, uma sofisticada explicação da tese de que os fins podem justificar os meios. Afirma ele que, mesmo em um Estado de Direito Democrático, a atividade política comporta estruturalmente (por 'natureza', poderia ter dito o filósofo) uma 'zona cinzenta de amoralidade'; e que o caráter moral ou imoral de um ato público pode em certas circunstâncias ser atribuído a este, de acordo com o sinal positivo ou negativo da correspondência entre os resultados que gera e as expectativas de uma opinião pública eventualmente dominante. A partir deste critério, somos tentados a perguntar: será que hoje, amanhã ou em um futuro incerto as decisões ilegais de Moro nos processos contra Lula e o PT receberão a chancela de 'atos morais' pela sociedade?

Penso, interpretando a tese do nosso filósofo, que não haveria como responder antecipadamente esta pergunta. A verdade, em casos como este, tem um caráter histórico inevitável. Mas não importa. Depois das revelações do *Intercept,* admitidos os fatos e a teoria do objeto político que citei, revelando ambos ser natural a parcialidade que permeia os atos de todos os atores sociais, inclusive os dos membros do judiciário, conferindo-lhes coloração política, não tem sentido ficarmos demonizando os atos de Moro e de uma parte do Ministério Público, como se constituíssem uma mácula no paraíso de justiça em que vivemos; e não apenas o dia-a-dia da política real. Mais produtivo é discutirmos o pano de fundo de toda esta celeuma, que é o confronto secular entre uma visão de esquerda e uma de direita dos problemas da sociedade contemporânea.

Embora tenham muito em comum no tocante à perplexidade causada pelo novo mundo que explode à nossa frente sob o impacto dos extraordinários desenvolvimentos tecnológicos observados nos últimos anos, desconfio que sejam qualitativamente diferentes, de um lado, os problemas enfrentados hoje pela direita mercadista (da qual Moro faz parte), e de outro, os enfrentados pela esquerda socialista ortodoxa.

A direita mercadista não tem argumentos para negar a existência de uma lógica autodestrutiva inerente ao modelo capitalista de mercado. A não ser os de natureza puramente ideológica. E as modernas tecnologias de comunicação, ironicamente oferecidas por este mesmo mercado, tornam ininterruptamente presente na consciência do homem comum a marcha insana da sociedade de mercado. Ela simplesmente ignora a catástrofe anunciada, limitando-se a apresentar propostas de reformas econômicas limitadas e superficiais a serem implementadas às custas dos mais pobres e excluídos, apenas para garantir sobrevida a um sistema econômico e social caduco.

E a esquerda revolucionária, assumindo a tese de que o capitalismo é não somente autodestrutivo, mas destrutivo da sociedade inteira, adota estratégias igualmente destrutivas destinadas a acelerar o fim do sistema. Mas se, por um lado, recusa-se, acertada e simultaneamente, a apoiar reformas "construtivas" da direita, pelo caráter meramente paliativo que apresentam, por outro lado, não encontra forças para reeditar uma atitude realmente fundadora de uma nova sociedade, com propostas concretas de construção de novas instituições e novos consensos.

Estamos então prisioneiros de um dilema? Aceitar as propostas da direita, que visam a um ajuste contábil da economia às custas não somente das populações pobres e do meio-ambiente, mas também dos objetivos permanentes de construção de uma sociedade democrática e inclusiva, uma vez que mantém a estrutura parasitária de uma economia que empurra a sociedade para a implosão? Ou aprovar o irracionalismo da esquerda ortodoxa, sempre disposta a tomar o Estado de assalto, mas sem saber o que fazer no dia seguinte à conquista do poder, para evitar o caos, colocando em prática medidas que, ao mesmo tempo em que mantenham as instituições básicas da sociedade em funcionamento, possam convencer a todos de que, de fato, caminhamos para um Estado Social, rumo à sociedade sem classes do futuro?

A restauração do sonho de fundação de uma sociedade mundial democrática, inclusiva, tolerante e igualitária, baseada em visão racional e contemporânea da realidade econômica, social e política, é combustível necessário para nos livrarmos deste dilema e continuarmos a luta pela construção de um mundo novo.

RESENHAS

Delícias do crime

História social do romance policial

Autor: Ernest Mandel
Tradução: Nilton Goldman
Editora: Busca Vida, São Paulo, 1988, 222 pág.

A "história social do romance policial" é vista por Mandel como um fenômeno em conexão com o desenvolvimento da sociedade capitalista ou 'burguesa'. O ensaio é particularmente interessante para compreendermos a real natureza e *modus operandi* dos crimes de corrupção política e estatal, que os brasileiros conhecem tão bem hoje.

Mandel começa por assinalar que, nos primórdios da sociedade burguesa, a balança que media a condição moral dos principais protagonistas das estórias de crimes — bandidos e polícia — pendia para o lado dos primeiros, então tidos sempre como "bons bandidos". Robin Hood, lendário bandido medieval, é o principal representante desta categoria. Paralelamente, refletindo o interesse que as classes burguesas ascendentes tinham em fustigar autoridades do antigo regime, os autores criaram, em contrapartida, a figura do "xerife vilão".

No início do século xx, consuma-se a inversão desta situação. As estórias apresentam os bandidos, sem ambiguidade, como figuras malignas e cruéis, e os policiais, como agentes públicos heroicos. É que então a burguesia, estabilizada havia muito no poder, não tinha mais tiranias do velho regime a combater com a ajuda de bons bandidos. Portanto, o crime já podia ser totalmente "criminalizado".

O século XIX teria sido um século de transição. O bandido retratado nas estórias policiais ainda não era o temível inimigo público do cinema americano dos anos 30 e 40; era mais um pária, ainda que dotado de astúcia em alto grau. Não despertava temor, mas desprezo. E o seu oponente era um detetive particular, como Sherlock Holmes, uma espécie de policial terceirizado.

No entreguerra, a figura do detetive ou inspetor, caçador de criminosos, meio excêntrico, dotado de inteligência dedutiva superior, ainda sobrevive. Ele não pertence às classes altas nem às baixas — constitui uma espécie de aristocrata intelectual que trabalha solitário, geralmente em casa. Mas, vale acentuar, trata-se de um confronto entre indivíduos especiais, dotados um de inteligência analítica e o outro de astúcia criminal. Os crimes sobre os quais se debruçam os super detetives não refletem a realidade social da época. Nem poderiam. Nesse período em particular, ele preenche uma necessidade social subjetiva, que é alimentar o sentimento de nostalgia que domina uma sociedade impactada pelos horrores da guerra. Mesmo a 'grande literatura' daquele momento preenche tal necessidade pela pena de escritores como Proust ou Scott Fritzgerald. A função do romance policial, como parte da chamada literatura "trivial", é entreter o grande público, não refletir a realidade, ainda que, de forma oblíqua, não deixe de fazê-lo. A propósito, depois de revelar os números surpreendentemente elevados das tiragens de romances policiais a partir da Segunda Guerra, com a generalização das edições de baixo preço ("brochuras"), Mandel menciona uma das razões do sucesso destes romances: "Finalmente, não há nada de espantoso no fato de as pessoas alfabetizadas serem obcecadas pelos romances policiais. Afinal, como já observou certa vez Ernst Bloch, a sociedade burguesa, toda ela, não age, de certa forma, como um grande policial? Um homem pode trabalhar conscienciosamente em sua pequena loja, mas de repente os negócios começam a dar errado, por razões misteriosas (os lucros começam a cair, as taxas de juros sobem, as vendas diminuem), embora ele não tenha culpa alguma. Um outro se escraviza no trabalho, obedecendo a todas as regras impostas pelas máquinas e pelos contramestres, esforçando-se ao máximo nesta luta desigual, com o perigo de, apesar disso, ser despedido. E, o que é pior, qualquer um pode ser apanhado de surpresa por uma recessão, uma enorme depressão ou até por uma guerra. Quem é o responsável por tudo isso? Você é que não, nem seus vizinhos ou conhecidos. Alguns misteriosos conspiradores, atrás das cortinas, devem ter alguma coisa a ver com isso."

Mas, além desta razão, levar o indivíduo a experimentar suspense e sobressaltos, remetendo-o indiretamente à sua realidade, o bom romance policial oferece ao leitor uma outra razão, esta sim deliciosa: desvendar uma trama bem alinhavada com lógica boa, que o prende, para somente libertá-lo, de algum modo recompensado, ao fim da leitura. (O crime dos romances da vida real proporciona ainda outras delícias. Falaremos delas mais adiante.)

Um verdadeiro *tsunami*, ocorrido nos Estados Unidos nas décadas de 30 e 40, alteraria este quadro. Foi o surgimento e rápido desenvolvimento do crime organizado e em larga escala, durante a 'Lei Seca'. Como se sabe, começou com o tráfico de bebidas alcoólicas, exploração da prostituição, depois incorporou o tráfico de drogas e se expandiu em várias espécies de atividades pseudolegais — tudo protegido por verdadeiros exércitos de matadores, funcionários corruptos e advogados. Ocorre então a substituição do detetive aristocrático do período clássico do romance policial pelo policial duro e truculento, que facilmente pula das páginas deste para as telas dos cinemas. É um agente público e integra uma corporação ampla de funcionários. Trabalha em 'departamentos', não mais em casa, e combate nas "ruas" o crime generalizado. Ou seja, não se restringe a resolver casos enigmáticos em salas de visitas de mansões e casas de campo. "Ruas", assim mesmo entre aspas, porque o que se pode combater agora nas ruas não é o crime todo — a parte mais incômoda deste nasce e se organiza dentro de quatro paredes. Para combater o crime organizado já não bastam, absolutamente, 'coragem', 'inteligência analítica', 'independência' e mesmo 'truculência', virtudes do "mocinho" solitário. Pois é o departamento inteiro do policial que entra em cena, mobilizando equipes, o que existe de mais atual em matéria de recursos tecnológicos, além da ajuda de outros órgãos de combate ao crime, nacionais e internacionais. Sem isso, a velha capacidade de farejar pistas, encadear indícios e reconstituir tramas operaria no vazio.

Posterior desenvolvimento das atividades criminosas verifica-se, quando, em conexão com o crime organizado, surgem e se desenvolvem em vários países dois tipos de crime: o moderno crime político e o estatal.

O crime político é corolário de políticas intervencionistas ilegais, implementadas por países imperialistas com o objetivo de proteger interesses de companhias americanas no exterior. Em última análise, essas "proteções" atendem ao interesse do capitalismo americano como um todo. Evidentemente, a referência para que se classifique de crimes estas ações são as leis dos países que sofrem a intervenção. E para que estas se efetivassem, foram criadas agências de ação secreta, como a CIA (*Central Intelligence Agency*), a mais conhecida delas. Conforme descreve Mandel,

> "... a infiltração de informantes nas mais diversas organizações — desde associações culturais e grupos estudantis até federações de sindicatos e agências de espionagens rivais — anda junto, por um lado, com o sistemático emprego da corrupção e, por outro, com o apelo direto ao crime, incluindo o assassinato. Torturadores são treinados, golpes militares, preparados e organizados, e governos, considerados insuficientemente amigos do capital americano ou audaciosos ao ponto de nacionalizar empresas de propriedade americana, são sistematicamente derrubados. Às vezes, tais operações são planejadas e executadas em conjunto com as empresas envolvidas, como no caso da conspiração da ITT com o auxílio da CIA e do Pentágono contra o governo legítimo de Salvador Allende".

O crime estatal, aquele praticado contra o Estado, é o que mais nos interessa destacar, tendo em vista a conjuntura política atual do Brasil. Mandel começa por afirmar que é próprio do 'capitalismo tardio' uma ampla intervenção estatal na economia, assim como uma concomitante hipertrofia do Estado e do aparato estatal. Em decorrência, ocorre uma verdadeira inflação de leis, decretos, códigos e regulamentos que embaraçam os negócios, tanto de empresários individuais como de grandes empresas. E isto, por si só, constituiria um convite à violação das leis. Obviamente, ele não se refere a violação das leis do trânsito!

Há a questão das compras estatais. Além das forças armadas, com peso específico extraordinário numa economia como a americana, empresas públicas dos setores de energia, telecomunicações, transportes de massas e até saúde e educação (casos típicos do Brasil), são poderosos compradores de bens e serviços, movimentando somas fabulosas de dinheiro — uma tentação, a que grandes corporações e ricos empresários cedem, canalizando montanhas de recursos financeiros para corromper e chantagear sistematicamente a tudo e a todos. Ninguém escapa. O dinheiro flui por todos os vasos e artérias do organismo estatal, irrigando membros do poder executivo, legislativo e judiciário, rumo ao objetivo final que é abocanhar contratos que podem atingir a cifra dos bilhões.

Mandel morreu em 1995. Se estivesse vivo, poderia enriquecer seu relato com os números que estão sendo revelados pelas chamadas operações 'mensalão' 'petrolão', 'lavajato', 'trensalão' e outras. Na estimativa de um banco americano, os desvios da Petrobras podem chegar a R$21 bilhões; ou a R$42 bilhões, segundo laudo da Polícia Federal publicado em novembro de 2015. O delator Paulo Roberto Costa afirmou que as propinas representavam cerca de 3% do que foi investido pela companhia nos últimos anos. As obras do Complexo Petroquímico do Rio de Janeiro — Comperj — já apresentariam um rombo de cerca de R$48 bilhões. E as da Refinaria Abreu Lima, uma sangria já apurada em torno de R$5 bilhões que podem chegar à cifra de R$7 bilhões. Há muito ainda a ser descoberto pelas várias investigações em curso efetuadas pela Polícia Federal e pelas várias seções dos Ministérios Públicos Federal e Estaduais. A Polícia Federal denunciou um esquema de corrupção envolvendo sucessivos governos tucanos do Estado de São Paulo, a empresa alemã Siemens, a francesa Alstom e a espanhola CAF. Estima-se que a roubalheira aqui deve passar de R$1 bilhão. Nesses assuntos os números são sempre incertos. O que se sabe é que envolvem contratos que se situam frequentemente na casa dos bilhões e a propina varia de 3% a 9%.[1]

Da noite para o dia, esses criminosos recebem propinas milionárias pela intermediação de contratos superfaturados de obras públicas, algumas das quais jamais realizadas. E passam a desfrutar de todo o poder concedido pelo homem (ou por um deus vingador?) ao dinheiro. Em uma cena tornada pública pela mídia, um homem velho, grisalho, ereto e simpático, contempla embevecido, quase em lágrimas, um lindo pôr-do-sol sobre o mar... Ele está no Guarujá, à beira de uma piscina, cercado de amigos e familiares, na mansão cinematográfica que acaba de comprar. Pergunto: se não soubéssemos que o homem era o

---

1 Comissão Parlamentar de Inquerito, criada no Senado Federal para investigar desvios do Governo Federal na condução do combate à pandemia da Covid-19, concluiu seus trabalhos, acusando integrantes do governo Bolsonaro de tentarem aplicar golpe bilionário contra os cofres do país.

juiz Nicolau dos Santos Neto (Lalau), o mesmo que comprou a mansão com parte do dinheiro roubado do Estado, via superfaturamento das obras do prédio do Tribunal Regional do Trabalho, diríamos tratar-se de um ser maligno? Pelo contrário, diríamos tratar-se de um homem sensível, um poeta, ainda que poeta extraído, pelo poder do dinheiro, da alma de um animal predador!

Em um dos manuscritos econômicos que escreveu em 1844, Karl Marx dá a palavra a um personagem de Shakespeare, *Timão*, que odeia a humanidade. E, por odiá-la e querer a sua destruição, clama aos deuses que, da terra, os homens extraiam não raízes para comer, mas ouro. Eis o discurso de Timão:

> "Ouro! Ouro amarelo, cintilante, precioso! Não deuses do céu, eu não suspiro por ele como um tolo... Esta pequena quantidade de ouro bastaria para tornar branco o preto, belo o feio, justo o injusto, nobre o infame, jovem o velho, corajoso o covarde... Este ouro fará com que se afastem sacerdotes e fiéis; ele arrancará o travesseiro da cabeça dos moribundos; este escravo amarelo garantirá e quebrará juramentos, abençoará amaldiçoados, tornará adorável a pálida lepra, dará aos ladrões lugar, títulos, homenagem e os assentará ao lado dos senadores; é ele que faz com que se case a viúva velha e horrenda. (...) tu, deus visível, que de repente reúne os contrários e faz com que estes se beijem, tu que falas por todas as bocas e em todas as línguas, pedra de toque dos corações, trata os homens, teus escravos, como rebeldes. E, com a tua força, lança-os em discórdias que os destruam, a fim de que as feras tenham o império do mundo".

É evidente que, para enfrentar os ataques poderosos desta espécie de crime organizado, simples policiais não bastariam. Admitamos que fossem imunes à corrupção — seriam barrados por leis e códigos de proteção de direitos individuais e de propriedade. Surgem então operações conjuntas de combate ao crime organizado, como as 'forças-tarefa' atualmente em vigor no Brasil, reunindo Polícia Federal, Ministério Público, Poder Legislativo, Poder Judiciário e Receita Federal. Para dificultar, surge também a figura do delator "VIP". Sim, porque a figura do delator comum ou informante sempre existiu. Ambos, delator VIP e comum, constituem-se em elemento complicador do gênero policial, ou melhor, do objeto do gênero: já não podemos precisar com rigor quem é ou deixa de ser o criminoso. Como observa Mandel:

> "Os delatores não podem exercer suas funções sem participar de um delicado jogo de *do ut des* [toma-lá-dá-cá]. As informações fluem dos dois lados: do ambiente criminoso para o da polícia e das autoridades para o submundo. Alguns crimes são solucionados ou evitados, apenas porque outros não o são ou permanecem encobertos. Assim, surge uma simbiose entre os dois lados da lei, e esta cria uma ambiguidade moral e corrupção material. Pois não é somente informação que flui dos dois lados, mas o dinheiro também".

O exemplo mais revelador que Mandel citou desta simbiose entre crime organizado, grandes negócios e Estado havia sido, até então, o escândalo envolvendo o Banco Ambrosiano, a Máfia e os Estados do Vaticano e da Itália. Soube-se que o arcebispo Marcinkus, diretor do *Institute per le Opere di Religione*, fora longamente interrogado pelo FBI, em 1977, por supostas ligações com a Máfia, interessada em usar o banco do Vaticano para lavar dinheiro. Mandel menciona ainda Birmânia, Tailândia, Laos, China, Bolívia, Peru e Colômbia, cujos governos estariam envolvidos com o tráfico de heroína e cocaína. Uma atualização de simbioses como essas deveria incluir ações da Máfia russa no mercado negro de armas e até de jogadores de futebol, possivelmente com a cumplicidade da FIFA e entidades afiliadas.

Mandel reconhece que autores modernos de romances policiais são bastante realistas. Saíram das salas de visitas, foram para as ruas, penetraram em poderosos gabinetes. Mas não alteraram a função principal do gênero, que é o entretenimento. Alguns textos conservam imaginação rica e refinada capacidade dedutiva; muitos expõem toda a gama de violências que permeiam as relações humanas no mundo atual; outros chegam a denunciar, com riqueza de detalhes, esquemas de corrupção e poder que sangram permanente e impunemente a sociedade, prejudicando principalmente os mais humildes. Exemplo disso foi o sucesso estrondoso do romance de Mario Puzo, *The Godfather* (*O Poderoso Chefão*).

Mas, nenhum romance policial denuncia o crime que Mandel considera o maior, por ser o gerador de todos os demais crimes: o próprio sistema capitalista de produção, centrado numa economia de mercado. É que faz parte da natureza do romance policial fornecer soluções apenas parciais aos problemas do crime na sociedade burguesa. Parcialidade esta que é expressão do "realismo" desse romance, uma vez que cada crime solucionado nesta sociedade é sucedido por um outro a ser solucionado, e assim indefinidamente. As reportagens e crônicas que se fazem sobre estes crimes, sob a forma jornalística ou de romance, cumprem várias funções sociais. Algumas têm a função de preencher a necessidade neurótica de adrenalina de uma massa de seres massacrados por uma vida rotineira, sem atrativos; outras, a função de mostrar a esta massa, por contraste, que a vida dela poderia ser pior. Não é isso o que se vê nos vários jornais diários da TV: um desfile de tragédias e crimes, atenuado, nas retrospectivas de final de ano ("hoje a festa é sua") por alguma historinha edificante? Palavra de Mandel:

> "É importante notar que o segredo desta crescente simbiose [*Entre atividades legais e ilegais*] não se situa em qualquer conspiração obscura e satânica ou numa natureza humana congenitamente perversa. Na verdade, localiza-se no multidifuso poder do dinheiro, sua magnética capacidade, sob a produção generalizada de bens, em atrair mais dinheiro e mais poder (mais-valia e uma crescente penhora com relação ao Estado). Se as instituições de economia de mercado forem extintas, esta simbiose desaparecerá; entretanto, se suprimirmos estas instituições, o crime, a corrupção, a cobiça e o poder do dinheiro desaparecerão parcialmente, mas parcialmente sobreviverão, entre os burocratas."

Alguns usam os dramas de criminalidade vividos pela sociedade para vender romances ou algum outro meio de consolo; outros, para derrubar o governo e conquistar o poder, convencidos que estão de que pela via eleitoral não poderão ter êxito. Mas por estarem todos submetidos ao poder do dinheiro e sua lógica de acumulação, ninguém discute seriamente as causas dos crimes e os meios de extirpá-los da vida em sociedade.

Voltemos à minha citação anterior de Ernest Mandel. Ele sustenta que o crime, a corrupção, a cobiça e o poder do dinheiro são produtos das instituições da economia de mercado. Mas afirma também, honestamente, que a substituição destas por instituições próprias do 'socialismo real' não resolveria o problema da criminalidade, pois esta sobreviveria na nova sociedade burocratizada.

Não vamos discutir aqui possíveis diferenças entre o crime nas sociedades de mercado e o que ocorre em sociedades do 'socialismo real'. Se valessem depoimentos pessoais, diria que na sociedade cubana, por exemplo, percebe-se uma criminalidade bem menor do que a que percebemos aqui no Brasil. Mas, não é o caso. O que acho mesmo relevante destacar das análises de Mandel é a profícua ideia de que boas instituições, ainda que não possam formar homens bons e generosos, podem ajudar a conter os que são movidos somente pelo desejo de poder e por amor ao dinheiro.

Sobre os esforços dos heróis do dia e suas forças-tarefa, combatendo a alta corrupção política e estatal, é possível afirmar que poderão dar em nada, servindo apenas para exacerbar o ódio e a ansiedade incontida de uma legião de medíocres pelo protagonismo que as urnas lhes têm negado. A menos que, na sequência da conclusão dos processos em curso, um congresso nacional renovado faça as reformas político-partidárias e eleitoral que o país precisa com urgência. Para democratizar o acesso ao poder, assegurar condições de governabilidade, que sejam exclusivamente de ordem política, e encaminhar as demais reformas.■

A economia da desigualdade

Autor: Thomas Piketty
Tradução: André Telles
Editora: Intrínseca, Rio de Janeiro, 2015, 142 pág.

Thomas Piketty começa por observar que a questão da desigualdade e da redistribuição está no cerne dos conflitos políticos. E tradicionalmente opõe duas posições: a posição liberal, que acredita constituir-se o mercado em um mecanismo virtuoso, no qual a iniciativa individual e o aumento da produtividade tornam possível no longo prazo uma melhora efetiva da renda e das condições de vida dos mais desfavorecidos; e a posição de esquerda, que não vê outro caminho senão o das lutas sociais e políticas para se contrapor à miséria produzida pelo sistema capitalista.

Depois de observar que esta oposição, nascida da modernidade, projeta-se na questão da desigualdade, o autor faz duas afirmações que, nestes tempos de radicalização ideológica em que vivemos, ganham particular relevo. Primeira: em questão de justiça social, não há antagonismo de princípios entre esquerda e direita. Ambos os extremos concordariam que, quando a desigualdade seja devida, ainda que parcialmente, a fatores adversos que fujam ao controle do indivíduo, como por exemplo parcas dotações iniciais transmitidas pela família ou pela sorte, é justo que o Estado intervenha com os meios mais eficazes possíveis para melhorar a vida dos mais pobres. Segunda: os conflitos esquerda/direita sobre a questão da desigualdade ocorrem com muito maior frequência a propósito da maneira mais eficaz de melhorar efetivamente as condições de vida das pessoas desfavorecidas e também a propósito da extensão dos direitos que podem ser concedidos a todos; e não, repita-se, a propósito de princípios abstratos de justiça social.

Mais especificamente, a oposição esquerda/direita projeta-se na questão da redistribuição econômica, que pode ser de duas espécies: a) uma *redistribuição pura*, em tese, a efetuada pelo mercado e por isso preferida pela direita; e b) uma *redistribuição eficiente*, que pressupõe alguma forma de intervenção pública no processo econômico e por isso preferida pela esquerda. Piketty admite implicitamente que existem parcelas de verdade nessas duas visões extremas e se propõe a revelá-las por meio de exaustiva análise dos mecanismos socioeconômicos que produzem a desigualdade. Antes, faz uma observação até certo ponto surpreendente.

A questão da desigualdade social e da redistribuição de renda, influenciada pelos trabalhos de Karl Marx, tem sido tratada preferencialmente em termos de oposição entre capital e trabalho, lucros e salários, patrões e empregados. Assim, uma melhora das rendas do trabalho implicaria em alguma forma de transferência de renda do capital, configurando uma espécie de soma zero. Logo, o aumento de um polo implicaria na diminuição do outro. Mas, ao contrário do que se costuma pensar, a desigualdade capital/trabalho não seria a principal fonte da desigualdade. Até porque a relação rendas do capital/rendas do trabalho, estabelecida à base de 1 para 3, em média, do total da renda nacional, mantém-se estável há cento e vinte anos. Considerando-se que aproximadamente no mesmo período o poder de compra dos salários foi multiplicado por dez, seria forçoso concluir que é outra a principal fonte da desigualdade – no caso, a desigualdade do capital humano dos indivíduos. Este deslocaria para a relação salário/salário, portanto para a esfera do próprio trabalho, a fonte principal da desigualdade. Em outras palavras, a simples transferência de renda do capital para o trabalho não seria suficiente para promover melhora das rendas e por consequência das condições de vida dos indivíduos. Seria preciso então considerar cuidadosa e desapaixonadamente a questão da eficácia dos meios que devem ser empregados para reduzir de forma sustentável e não somente por breve período a desigualdade que se verifica no âmbito das rendas do trabalho.

Piketty não se propõe a discutir a questão da desigualdade fora do modelo da economia capitalista. Portanto, as soluções propostas aos problemas sociais decorrentes da desigualdade – tenha ela como fonte a relação capital/trabalho ou a relação salário/salário – não devem ignorar que existe uma 'função alocativa do sistema de preços', ou seja, devem levar em conta o fato de que a alteração quantitativa de um dos elementos do sistema pode implicar em alteração de *n* outros elementos deste sistema. E nem sempre no sentido almejado por eventuais e ávidos batalhadores por justiça social – quer a alteração seja operada pela 'mão invisível' do mercado (redistribuição pura), quer seja efetuada pelo pulso forte de alguma autoridade pública (redistribuição eficiente).

Mas será somente na prática que se poderá (ou não) classificar como *"eficaz"* qualquer das formas de distribuição – tanto sob a ótica exclusiva de Pareto, em que a redistribuição de recursos somente pode ser justificada por considerações de justiça social e nunca pela lógica econômica, como do ponto de vista de um mercado imperfeito, visando não somente a questão da justiça social mas também a obtenção de equidade na distribuição dos recursos. Em ambos os casos, a decisão sobre a espécie de redistribuição a ser efetuada – se direta ou indireta via tributação –, deve ser precedida pela mais minuciosa verificação de 'elasticidade' que se possa fazer do fator que se pretende alterar e pelos efeitos que poderá produzir sobre o sistema econômico como um todo.

Embora tenha ares de revelação, diante do voluntarismo demagógico que domina as políticas eleitoreiras, especialmente aqui no Brasil, as verdades enunciadas por Piketty nas páginas iniciais do seu livro são conhecidas há muito tempo. John Locke, em suas *Considerações sobre as consequências da redução do juro*, publicadas exatamente em 1692, já chamava a atenção dos senhores de terra para o equívoco de apoiarem uma proposta de lei apresentada ao Parlamento para reduzir a taxa de juro. O objetivo era facilitar o acesso deles ao dinheiro de empréstimo. De fato, analisando o reflexo daquela variação da taxa sobre o conjunto da economia, ele demonstrava que os proprietários colheriam um resultado contrário do que esperavam. Isto, na hipótese pouco provável de a lei "pegar"; o mais provável é que, se fosse aprovada, seria uma 'lei para calar papagaios'.

De modo análogo, não somente por meio de teoria abstrata, mas recorrendo a um amplo recorte de história econômica, é o que Thomas Piketty faz em seu livro sobre *A economia da desigualdade*. Mostra que, no campo minado das teorias de redistribuição de renda da sociedade capitalista, tiro incauto pode sair pela culatra (a tese de Pareto não pode ser ignorada). Mas ele mostra também que distribuições eficientes, diretas ou indiretas, podem e, no caso de países como o Brasil, devem ser feitas, sem que tenhamos, necessariamente, que cutucar com vara curta a onça da elasticidade de substituição do trabalho. É quando, por exemplo, se canalizam recursos transferidos do capital privado para o capital público, destinando-os ao desenvolvimento do capital humano via educação.■

O capital no século XXI

Autor: Thomas Piketty
Tradutora: Mônica Baumgarten De Bolle
Editora: Intrínseca, 2014, 669 pág.

Um leitor que possua alguma notícia sobre 'O Capital' de Karl Marx (*Das Kapital*) talvez espere que 'O Capital' de Thomas Piketty (*Le capital au XXIE siècle*) constitua, neste início de século XXI, uma atualização do contundente efeito explosivo que o primeiro livro teve na consciência política de homens e mulheres do mundo inteiro em fins do século XIX e início do século XX. Não deve esperar. Piketty não escreve como profeta e muito menos como um revolucionário, preocupado em arregimentar massas para ações diretas pela demolição do capitalismo, vista como pré-condição para o fim dos dramas sociais que derivam da distribuição desigual da riqueza do planeta. Ao contrário, está mais para pensador positivista, fincado, portanto, na realidade; e para reformador racional, preocupado em sustentar as afirmações que faz em séries de dados reais, extraídos da história recente da economia mundial, e também em uma visão acurada do quadro político e social; e por isso, não publica nenhum manifesto, não apela para os sentimentos de indignação dos povos, apela somente para a razão de pessoas medianamente educadas. Talvez por isso, ao contrário de Marx, que viu seu *Capital* ser imediatamente acolhido por círculos crescentes de revolucionários militantes, ao mesmo tempo em que era injustamente esnobado por economistas e acadêmicos do seu tempo, Thomas Piketty teve sua obra imediatamente reconhecida pelos mais renomados economistas e cientistas sociais de todo o mundo, ao mesmo tempo em que era e é ainda praticamente desconhecida de militâncias políticas e sindicais. É que as verdades das conclusões que o livro apresenta sobre o estado atual e as perspectivas de distribuição da riqueza no mundo — se existem — Piketty as extrai, como disse, principalmente da aridez de planilhas de dados construídas a partir da mais extraordinária pesquisa de história econômica já realizada. Ele mobiliza dados concretos de vinte países, que podem ser democraticamente acessados pelo público via internet em um monumental banco de dados sobre altos rendimentos, denominado *The World Top Incomes Database* — uma instituição que vem sendo construída solidariamente a mil mãos por pesquisadores de todos os continentes. Contudo, não pense o leitor que corre o risco de se afogar em fórmulas de difícil compreensão. Defensor entusiasta de uma abordagem multidisciplinar da questão da desigualdade, Piketty filia-se à tradição da economia politica praticada pelos economistas clássicos, que não perdiam de vista, no emaranhado dos símbolos matemáticos, as questões de fundo da disciplina.

Logo de início, depois de assumir que "a distribuição das riquezas é uma das questões mais vivas e polêmicas da atualidade", Piketty enuncia as duas questões que procurará responder ao longo das 669 páginas da obra:

> "Será que a dinâmica da acumulação do capital privado conduz de modo inevitável a uma concentração cada vez maior da riqueza e do poder em poucas mãos, como acreditava Marx no século XIX? Ou será que as forças equilibradoras do crescimento, da concorrência e do progresso tecnológico levam espontaneamente a uma redução da desigualdade e a uma organização harmoniosa das classes nas fases avançadas do desenvolvimento, como pensava Simon Kuznets no século XX?"

Reformador moderado, embora aceite o diagnóstico do grande revolucionário sobre a evolução da desigualdade (ao menos à guisa de hipótese), Piketty recusa os meios de combate que este oferece. Ou seja, admite a tese segundo a qual tanto o capitalismo de hoje tanto quanto o do tempo de Marx incorporam uma lógica de acumulação que pode sim conduzir a um aprofundamento do fosso das desigualdades e, consequentemente, a um atrofiamento da economia de mercado. Mas, ao mesmo tempo, não admite a crença de que a tomada do poder político por uma classe social seja suficiente para quebrar essa lógica. Por outro lado, concorda também com a tese de que a dinâmica do capitalismo pode propiciar a redução da desigualdade com consequente aumento do poder aquisitivo das rendas do trabalho, fato que, segundo ele, as pesquisas históricas demonstram. Mas não admite que tal redução resulte de processo 'natural', animado por qualquer espécie de 'mão invisível' do mercado. Se existe alguma "mão" nesse processo, é a mão visível das lutas socialistas em defesa do mundo do trabalho.

A fórmula $r > g$, proposta por Piketty, diz que a taxa de remuneração do capital em suas várias formas de manifestação (r) é maior que a taxa de crescimento da renda e da produção (g). Diz mais: a continuidade no tempo do fato descrito pela fórmula ("força fundamental de divergência"), conduzindo a uma situação em que o estoque de capital seja extraordinariamente alto e a taxa de crescimento, zero ou próxima de zero, pode causar a implosão do capitalismo. Tal ideia de uma lógica de autodestruição do capitalismo, presente tanto em *Das Kapital* como em *Le Capital*, pode levar à falsa conclusão de que Piketty seja um marxista. Ele não é. Não fosse pelo motivo de fazer outra leitura da extensão dos conceitos de capital e lucro contidos no primeiro livro, seria pelo fato de Piketty criticar explicitamente o determinismo presente nos prognósticos de Marx. Piketty não acredita que este determinismo derive diretamente da crença em uma 'lógica de autodestruição' como parte do modelo capitalista. Até porque, como disse, ele admite em termos a pertinência desta tese. Acredita sim que o determinismo marxista deriva de um erro — o erro de acreditar que os dados econômicos e sociais que Marx tinha à sua disposição lhe permitiam inferir que o sistema caminharia inevitavelmente para a dissolução.

Os dados sobre rendimentos do trabalho da época de Marx, compreendendo a fase inicial da revolução industrial, autorizavam a conclusão de que havia um empobrecimento crescente dos trabalhadores e, consequentemente, uma deterioração progressiva das suas condições de vida. Mas os dados recolhidos por Piketty, compreendendo um largo período — os últimos 120 anos — mostram que Marx não dispunha de uma serie de dados suficientemente extensa nem o necessário distanciamento histórico para projetar para o futuro o juízo que fez sobre a dinâmica da desigualdade crescente do seu tempo. Diferentemente, a extensa série de dados levantada metodicamente por Piketty e outros pesquisadores mostra que a curva dos rendimentos dos trabalhadores no longo prazo foi lentamente infletindo até o ponto em que o poder aquisitivo dos rendimentos do trabalho revela-se multiplicado por dez. Marx não teria levado em conta o aumento da produtividade da economia no período, alavancado pela evolução do conhecimento e da técnica. Não por deficiência intelectual, Marx era um gênio. Mas pelo estado da arte dos registros e das pesquisas da época em que viveram, Malthus, Ricardo e muitos outros, além do próprio Marx, discorriam sobre desigualdade econômica sem citar fontes ou apresentar metodologias que permitissem a reconstrução dos argumentos pelo público. (Não nos esqueçamos que o surgimento das 'declarações de renda', assim como de inúmeros outros protocolos da atividade econômica, são acontecimentos do século xx). Por outro lado, o reconhecimento de uma evolução positiva das rendas diretas e indiretas do trabalho não significa que tenha sido a difusão do 'conhecimento' ou da 'técnica' o fator determinante exclusivo da inflexão da curva da miséria profetizada por Marx. A reconstituição histórica da dinâmica de acumulação do capital privado e da distribuição das rendas do trabalho no longuíssimo prazo permite a Thomas Piketty anunciar a existência de duas espécies de forças que movem o sistema: forças de divergência, que tendem a produzir desigualdades crescentes, e forças de convergência, que favorecem a redução das desigualdades.

Há na composição destas forças elementos estruturais e, para usar terminologia marxista, elementos subjetivos. No caso das forças de divergência, estrutural é a lei de acumulação contínua de capital; e subjetivos, os movimentos políticos ou sindicais de defesa de direitos de acumulação ilimitada; no caso das forças de convergência, estrutural é o alargamento do conhecimento e das tecnologias voltados para o desenvolvimento econômico; e subjetivos, os movimentos políticos, sindicais e sociais que conduzam a uma redução das desigualdades. Portanto, à melhoria do "capital humano", há que se computar também o papel das lutas socialistas pela redução das desigualdades.

Os argumentos de Piketty autorizam a conclusão de que o erro de Marx, ao profetizar o predomínio exclusivo das forças de divergência, assim como o erro de Simon Kuznets, ao anunciar o domínio das forças de convergência, foi transformar *regularidades* econômicas de curto prazo em 'leis' econômicas. De fato, assim como Marx teria sido intempestivo ao anunciar a chegada próxima do inferno da pauperização extrema a partir de um processo desenfreado de aumento da desigualdade, oferecendo como evidência dados da cena social do seu tempo, que se restringiam a um período histórico curto, Kuznets teria anunciado o advento de uma sociedade em que a desigualdade diminuíra em anos anteriores e deveria continuar diminuindo, rumo a um estado de harmonia entre classes sociais, baseando-se em série de dados também limitada da economia americana. A pesquisa de Kuznets — que Piketty considera admiravelmente bem documentada —, cobrindo o período que ia de 1913 a 1948, levou o pesquisador americano a fazer uma previsão otimista que seria confirmada pelos fatos até os anos 1960, revelando que a participação do décimo mais alto da população na renda nacional caíra no período pesquisado de 45-50% para 30-35%. Entretanto, a partir dos anos 1970-1980, a curva de igualitarização de Kuznets apresenta dramática inflexão, com a desigualdade aumentando rápida e significativamente — a pesquisa de Piketty revela que, nos anos 2000-2010, a concentração da renda nas mãos do décimo mais alto da sociedade americana havia retornado ao nível anterior de 45-50%, registrado em 1910. Ou seja, os 10% mais ricos dos Estados Unidos da América voltam a se apropriar de quase metade da renda do país. E nada indica que este processo será revertido a curto prazo.

Ao pessimismo de Marx e ao otimismo de Kuznets, autores pelos quais nutre indisfarçável simpatia, Piketty oferece como alternativa a via de uma racionalidade pragmática. Vale a pena copiá-lo:

> "... a economia jamais deveria ter tentado se separar das outras ciências sociais, não há como avançar sem saber o que se passa nas outras áreas. (...) Para fazer progressos importantes nas questões fundamentais, como a dinâmica histórica da distribuição da riqueza e da estrutura das classes sociais, é preciso proceder com pragmatismo e mobilizar métodos e abordagens de várias disciplinas: dos historiadores, sociólogos e cientistas políticos, bem como dos economistas. É preciso partir de questões de fundo e tentar respondê-las; as querelas de território são secundárias".

Piketty assume o fato, destacado em livro anterior, de que a existência do mercado se justifica porque este possui uma 'função alocativa de recursos' que é essencial à economia de uma sociedade complexa qualquer, e esta função ainda não pode ser desempenhada eficientemente por outro sistema. Prova disso seria o modelo alternativo de planificação centralizada da alocação dos recursos, que, embora experimentado pela União Soviética por mais de setenta anos, não cumpriu a promessa dos seus defensores de fazer pela redução da desigualdade mais do que o sistema capitalista teria feito. Por esta razão, todas as propostas que fará para reduzir a desigualdade visarão uma intervenção no funcionamento da economia de mercado. Não para demoli-la, mas para imprimir-lhe novo rumo na direção de uma distribuição menos desigual da riqueza e, talvez, da invenção de uma nova forma de sociedade.

Piketty atribui o espetacular aumento da desigualdade nos Estados Unidos — verificada por meio de complementação da curva de Kuznets com dados do período 1970-2010 — à explosão que as altas rendas do trabalho tiveram nesse país, sob a capa de argumentos em defesa da 'meritocracia', mas que, de fato, provavelmente são originários de imemorial sentimento egoísta, que um famoso filosofo inglês do século XVII denominou um dia 'desejo criminoso de possuir' (*amor sceleratus habendi*). E atribui o grande aumento do estoque das fortunas privadas de países como Alemanha, França e Reino Unido, a dois fatores combinados: existência de uma alta taxa de retorno do capital (este acumulado sob a forma de imóveis, ativos financeiros e patrimônio líquido) e de uma baixa taxa de crescimento — na linguagem de Piketty, a regularidade $r > g$ expressa-se na lei de longo prazo, $\beta = s/g$, quando a elasticidade de substituição entre capital e trabalho é superior a 1.

Admitida a hipótese de que argumentos derivados da noção de mérito não justificariam a desigualdade de rendas do trabalho acima citada, o remédio sugerido por Piketty para promover a redução da desigualdade seria a criação de uma alíquota igualmente elevada de imposto sobre a renda, a ser aplicada sobre os supersalários. Caso contrário, a solução a ser dada para equilibrar diferenciais de "capital humano" que justifiquem significativa desigualdade de remuneração com base no mérito, coincidiria com a solução que deve ser dada para conter o excesso de capital privado acumulado na sociedade. Que solução seria esta? — a criação de um imposto mundial progressivo sobre este capital. Seria uma forma indireta de transferir recursos do capital para o mundo do trabalho, com vistas à melhoria do potencial de obtenção de renda dos trabalhadores via educação, sem interferir no mecanismo de precificação dos salários pela lei da concorrência.

Embora afirme que a arrecadação proveniente de um imposto mundial sobre o capital e as grandes fortunas carrearia receitas expressivas para a construção do moderno Estado social, Piketty observa que estas receitas possuiriam caráter apenas complementar, não se devendo, portanto, esperar que substituam as receitas fiscais existentes. Na verdade, o papel principal deste imposto é funcionar como regulador do sistema econômico capitalista. Seu objetivo é evitar uma espiral desigualadora desenfreada e uma divergência ilimitada das desigualdades patrimoniais. Além disso, possibilitar um controle eficaz das crises financeiras e bancárias. Antes, porém, o imposto mundial deve viabilizar um ambiente de transparência democrática e financeira, relativamente aos patrimônios e ativos detidos pelos indivíduos em escala internacional. Tarefa difícil de realizar, seja pela heterogeneidade dos métodos de registro e contabilidade empregados por países e empresas, seja pela manutenção de injustificáveis medidas de "segredo comercial" ou "segurança nacional". Embora entusiasta declarado da luta pela ampliação e reforço das forças quase inerciais de convergência do capitalismo, Piketty afirma que um dos grandes desafios do futuro é o desenvolvimento de novas formas de propriedade e de controle democrático do capital, assim como de novas formas de participação e de governo, ainda por serem inventadas. E que estas dependem, em grande medida, do grau de informação econômica de que as pessoas dispõem.■

Uma história de desigualdade

A concentração de renda entre os ricos no Brasil – 1926-2013

Autor: Pedro H. G. Ferreira de Souza
Editora: Hucitec
2018, 421 pág.

O livro de Souza, *Uma história de desigualdade,* revela em detalhes e abrangência inéditos o retrato da concentração de renda entre os ricos no Brasil. Mas não reside na reiteração do caráter dramático das desigualdades em nosso país a contribuição dessa obra. Afinal, o que não falta entre nós são lamentos irrepresáveis, em prosa e versos, provocados pelo abismo que opõe a minoria rica à maioria pobre do país. Cito dois clássicos sobre o assunto: *Geografia da fome,* de Josué de Castro, e *Quarto de despejo*, de Carolina Maria de Jesus. O texto de Pedro de Souza recebe elogios por apoiar conclusões sobre a desigualdade socioeconômica no Brasil, a que muitos chegam intuitivamente, no refinamento dos métodos de pesquisa até aqui utilizados e em uma abordagem indisfarçadamente pikettyana, que une história, economia real e política. E assim reforçar a voz da ciência no debate público, o que não é pouco.

Introdução

O livro foi estruturado em duas partes. Mas o autor explica que podem ser lidas separadamente porque se complementam, 'iluminam-se mutuamente'. A Parte I, composta de três capítulos, funciona como introdução ao tema da pesquisa. Souza faz uma leitura dos textos sobre as representações da desigualdade no mundo, a partir de fins do século XIX; e, logo de início, deixa claro que o foco da pesquisa que faz sobre a concentração da renda entre os ricos no Brasil reflete o *status* atual de uma efervescente e descontínua história. Diz ele:

> "... por muito tempo a sociologia se definiu, ao menos em parte, pela prioridade acordada à análise da estrutura de classes, em detrimento da distribuição de renda. Tratar os ricos *qua* ricos rompe com esse comprometimento, algo cada vez mais comum. (...) A recapitulação dos debates intelectuais elucida por que isso vem ocorrendo e, de quebra, a relação da abordagem deste livro com o campo de estudos sobre estratificação."

Ainda que referida 'elucidação' possa deixar dúvidas graves, esta não compromete o argumento do livro.

Para fazer a recapitulação, o autor tomará de empréstimo os três modelos de discursos sobre o tema da desigualdade propostos pelo historiador britânico David Cannadine: modelo hierárquico, modelo triádico e modelo dicotômico.

Em fins do século XIX, havia um discurso 'hierárquico' sobre a desigualdade social, que, socorrendo-se das teorias do liberalismo clássico, da seleção natural de Darwin e do evolucionismo de Spencer, então em voga (todas centradas no comportamento do indivíduo), defendia a tese de que as sociedades são pautadas por 'relações gradativas sucessivas de superioridade e inferioridade' naturais entre os indivíduos, não cabendo portanto atribuir sinal moral ou político negativo ao fenômeno desta desigualdade. Mas, já nessa época, a ideia de que o 'social' sobrepõe-se ao 'individual', proposta pelos fundadores da sociologia (Karl Marx, Émile Durkheim e depois Max Weber), deslocava a discussão sobre a desigualdade, da esfera das boas e más virtudes individuais natas para a da estratificação social. Seja para justificá-la, em nome de defensores da ordem existente, seja para criticá-la, neste caso tanto em nome de igualitaristas como de capitalistas críticos da desigualdade extrema. De qualquer modo, os discursos tomavam a desigualdade sempre como fenômeno inerente às sociedades industriais modernas e não ao indivíduo. Dado que se admite a tese da estabilidade e coexistência ininterrupta das três espécies de discursos sobre a desigualdade ao longo da história, o citado deslocamento do ponto de vista hierárquico-individual não significa que este vá deixar de existir. Mas que se atualizará, estimulado por pertinentes críticas à polissemia presente no discurso dicotômico classista; ou ao sugerir semelhança entre a ideia de uma 'relação superioridade e inferioridade sequencial gradativa' referida a indivíduos e a ideia de uma espécie de "relação superioridade e inferioridade sequencial gradativa" referida a centésimos de rendas no esquema de distribuição de Simon Kuznets.

Será sempre insensato tentar fazer "resenha" de resenha. Mais ainda quando esta é tão rica e detalhada. Mas que seja. Talvez se possa dizer que, grosso modo, os discursos inventariados por Souza caracterizam a desigualdade socioeconômica moderna de duas maneiras: 1) como fenômeno de distribuição de renda, objetivamente fundada e equilibrada, que não impede, pelo contrario propicia a criação de prosperidade para os desiguais — são as chamadas 'narrativas benignas' sobre a desigualdade, feitas geralmente no interior do modelo hierárquico; e 2) como fenômeno de polarização das rendas ou riquezas da sociedade nas mãos de um punhado de pessoas, dificultando o desenvolvimento social e por consequência produzindo conflitos — são em geral as narrativas críticas de extração marxista, apoiadas na teoria da oposição de classes e feitas no interior do modelo dicotômico; mas também as de extração não marxista, que utilizam criticamente os conceitos de 'elites' ou 'ricos', em modelos dicotômicos, ou os de *trade-off* e SBTC (*skill-biased technological change)* em modelos predominantemente hierárquicos. Enquanto não são contestadas pela ciência e/ou pelos fatos da vida, as narrativas 'benignas' e as 'críticas' podem ser e têm sido alternadamente aceitas como explicações plausíveis da desigualdade, conforme as conjunturas nacionais sejam percebidas como de crescimento econômico e prosperidade ou de estagnação e pauperismo, não importando se estas percepções se dão no plano da realidade ou no da ideologia.

Segundo Souza, de fins do século XIX até o término da Segunda Guerra, foram as narrativas críticas de acento dicotômico da desigualdade que predominaram. Depois da Grande Guerra, os ventos mudam e se estabeleceu, ao longo do período 1945-1975, a transição para as narrativas benignas, que são concepções apaziguadoras dos conflitos sociais. O fundamento teórico destas narrativas foi dado pelo sociólogo americano Talcott Parsons, criador da teoria funcionalista, e por Simon Kuznets, misto de sociólogo notável e ideólogo da ordem existente. Explica-se. Em livro publicado em 1953, com estudos inovadores e bem documentados (opinião de Piketty), Kuznets demonstra empiricamente a ocorrência de uma compressão das altas rendas americanas, no período 1913-1948 a participação dos 10% mais ricos da sociedade na renda nacional caíra de 45-50% para 30-35%. Em seguida, 1955, ele publica a conferência "Crescimento econômico e desigualdade de renda", que tinha realizado no ano anterior, tirando consequências ideológicas desses estudos. Vale a pena transcrever as observações de Piketty sobre o texto:

> "Depois de lembrar aos leitores todas as razões para ter cautela na interpretação dos dados e de chamar a atenção para a importância inequívoca do papel dos choques exógenos na redução da desigualdade americana, Kuznets sugere, de maneira quase ingênua, que a lógica interna do desenvolvimento econômico pode levar ao mesmo resultado, independentemente de qualquer intervenção política ou choque externo".

Sugestão 'quase ingênua', digamos, por se tratar de uma afirmação sem sustentação empírica, mas não inconsciente: Kuznets complementa a tese sobre o feito americano com a afirmação de que esta 'lógica interna' regula o desenvolvimento econômico não somente dos Estados Unidos, mas de qualquer sociedade industrial. Em sociedades rurais não industrializadas, a curva da desigualdade seria "maligna", os ricos apareceriam como donos quase exclusivos das rendas ou riquezas produzidas. Já em sociedades urbanas industriais, a desigualdade econômica seria representada pela figura de um "U invertido", ou, como prefere Piketty, pela figura de um sino: a desigualdade aumentaria nas fases iniciais do crescimento econômico até atingir um ponto de inflexão, a partir do qual diminuiria até o nível em que todos os estratos da sociedade usufruiriam do desenvolvimento. Nascia a teoria da "curva de Kuznets", narrativa benigna da desigualdade que, no contexto da Guerra Fria, cumpriria o papel de manter os países subdesenvolvidos na órbita de influência do "mundo livre", insinuando com argumento "científico" a promessa de que conseguiriam conquistar um desenvolvimento econômico espontâneo e equilibrado, com desigualdades decrescentes. E, portanto, sem conflitos sociais.

Afinada com a concepção geral do sociólogo Talcott Parsons — que oferecia uma visão em que a sociedade industrial moderna integraria de forma pacífica e legitima os estratos funcionais da sociedade — a teoria da 'curva de Kuznets' e seu quadro harmonioso de uma sociedade sem conflitos recebeu logo críticas. Mas estas não impediram que Simon Kuznets viesse a ser reconhecido, ao lado de Parsons, como um dos principais fiadores teóricos das narrativas benignas da desigualdade, tanto por acadêmicos como por políticos. E também, positivamente, como criador da teoria que contribuiu para o deslocamento do debate sobre a desigualdade — do terreno movediço das discussões sobre o conceito de classes sociais para o da estratificação das rendas.

De um modo geral, as primeiras críticas às narrativas benignas recuperam o acento no tema da desigualdade em termos dicotômicos e polarizados, negando as visões de uma sociedade pacificada, com observações (não marxistas) sobre a existência de concentração de poder e renda na estrutura social. São críticas de autores como Ralf Dahrendorf, David Wrong, Charles Wright Mills e Michael Young. Depois vieram as críticas claramente liberais ou neoliberais, que, ao se afastarem do tema da polarização, abrem espaço, em chave de narrativas geralmente hierárquicas, para as várias teorias que vão explicar as desigualdades de renda mediante conceitos compatíveis com o funcionamento do mercado, tais como os conceitos de 'ocupação', 'modernização', '*trade-off*' (igualdade e eficiência, redistribuição e crescimento, crescimento e desigualdade, democracia e crescimento) ou 'capital humano'. Destaque-se a oposição entre as noções de 'desigualdade de resultado e desigualdade de oportunidades', que o economista Milton Friedman propôs e tanta influência teve (e tem ainda) na construção do discurso político neoliberal no Brasil. Acrescente-se ainda a chamada "crítica estética" da desigualdade, no interior da qual podem-se incluir as explicações de viés cultural.

Inflexão

Pelo relato de Souza, não é exagero concluir que a 'efervescente' e descontínua história das representações sobre desigualdade socioeconômica das últimas décadas, construída por uma galeria de importantes sociólogos e economistas, dentre os quais alguns "prêmios Nobel" de economia, sofreu, em 2015, uma inflexão decisiva. Foi a promovida por Thomas Piketty e seus colaboradores.

Souza dá bem a dimensão da mudança pikettiana, ao referir-se ao fato de que a nova abordagem ganhou simpatizantes e adeptos, sem que houvesse necessidade de refutar as interpretações 'ocupacionais' e de 'tarefas', então em voga. Observa ele:

> "Ao recuperar o uso de dados tributários, esses estudos sobre os chamados *top incomes* trouxeram de volta uma concepção muito mais polarizada da estratificação e elevaram o assunto para além do seu nicho acadêmico convencional e do foco no mercado de trabalho".

Exatamente isso: Piketty não precisou refutar as narrativas hierárquicas anteriores, simplesmente porque estas não tratam do objeto principal da sua pesquisa: a concentração de renda no topo da distribuição.

Nenhuma interpretação destacou tanto a desigualdade econômica como a interpretação polarizada das classes sociais. O diabo é que, com as transformações técnicas, econômicas e sociais das sociedades industriais modernas, foi ficando cada vez mais difícil delimitar os objetos dos conceitos de classes. E, consequentemente, atribuir a estes os agregados de renda e riqueza a que, de um modo ou de outro, se chegava intuitivamente. Abstraindo a ideia de desigualdade do contexto politico-ideológico em que teve origem, Simon Kuznets vai tratá-la como "epifenômeno" não das relações de produção mas do conjunto das rendas e dos titulares destas, que ele *despersonifica* e separa em escala de décimos e centésimos. Contudo, limitado talvez pela restrição das fontes e pelo estado da arte dos instrumentos de pesquisa do seu tempo, ele deixou de usar este método de estratificação para conhecer a dinâmica da desigualdade no longuíssimo prazo. Ora, foi exatamente isto o que a nova abordagem fez: incorporando o método de classificação das rendas de Kuznets, Piketty mobiliza os extraordinários recursos de pesquisa hoje disponíveis, particularmente os de armazenamento e transmissão de dados, e coleta informações sobre a desigualdade de diversos países em séries históricas de longuíssimo prazo. Ao fazer isso, o autor de *Le capital* realiza dupla façanha: 1) revela o caráter parcial dos estudos de Kuznets, ao mostrar que este transforma regularidades que são *verdadeiras no curto prazo* em regularidades que são *falsas no longo prazo*; e 2) repõe a desigualdade em chave de intensa polarização, em um discurso que, embora dicotômico, lembrando o ambiente intelectual do início do século XX, opera na dimensão nominal distributiva das rendas, discriminando estratos de riqueza e poder, sem a necessidade de apelar para nenhuma dimensão ontológica das classes sociais.

Em sintonia com o partido metodológico de Piketty, a Parte II de *Uma história de desigualdade* foi dividida também em três capítulos. No capítulo 4 (Dados tributários: modo de usar), Souza vai 'justificar... as principais escolhas metodológicas e procedimentos adotados para transformar os dados brutos do imposto de renda em séries de longo prazo da concentração de renda entre os ricos no Brasil'; no capítulo 5 (Os ricos e a desigualdade no Brasil, ao longo de nove décadas), vai buscar respostas a três perguntas que considera essenciais: '*a)* há alguma tendência nítida de longo prazo para a desigualdade brasileira? *b)* de que forma a alternância entre ditaduras e democracia afetou a nossa desigualdade? e *c)* quando ficamos muito desiguais em comparação com o resto do mundo?; no capítulo 6 (Uma história politica da desigualdade no Brasil), vai aprofundar a interpretação implicada nas respostas encontradas, segundo a qual há determinação institucional da desigualdade e seu caráter inercial; e propor que 'a correlação com os grandes ciclos políticos não é mera coincidência'.

No tocante à questão metodológica, Souza começa por justificar 'algumas grandes vantagens' na utilização de dados tributários e não os das pesquisas domiciliares, para a determinação das desigualdades. São elas:

> "1. Minimização de problemas amostrais causados pelo pequeno número de ricos na população; 2. Minimização da não participação e da não resposta em virtude da obrigatoriedade de preenchimento do IRPF; 3. Redução da subdeclaração intencional dos rendimentos em virtude da possibilidade de punição; 4. Captação de um número mais abrangente de fontes de rendimentos do que seria viável incluir em qualquer pesquisa domiciliar; 5. uso de um período de referência mais longo que o da maioria das pesquisas domiciliares, o que permite a melhor captação de rendimentos irregulares; e 6. Disponibilidade de séries históricas muito mais longas."

Contudo, a vantagem maior da utilização dos dados tributários é viabilizar a constituição do objeto de estudo deste trabalho, a concentração da renda no topo da escala da distribuição. Esta, que define os conceitos de ricos e não ricos do autor, explicita a principal desigualdade brasileira. Depois o autor caracteriza e conta a história do imposto de renda das pessoas físicas no Brasil; explica os principais ajustes e imputações que fez às tabulações, esclarecendo que realizou '*a construção da mais completa série histórica para a desigualdade brasileira*', graças a esforços consideráveis de coleta, e harmonização de dados; e defende que a medida da desigualdade — pela comparação das frações do total de declarantes de imposto de renda em décimos, centésimos e milésimos, com os respectivos porcentuais de renda — é superior, quando comparada a outros tipos de medida. Até porque, esta seria a única forma de comparar, de fato, as desigualdades.

No final deste capítulo — todas as dificuldades computadas — é assim que avalia a base material sobre a qual apoiará suas conclusões a respeito da dinâmica da desigualdade brasileira ao longo de quase um século:

> "Diferentemente de alguns países já estudados, temos um imposto de renda bem estabelecido e com vida longa e contínua, mudanças na legislação que não arruínam a comparabilidade histórica das séries, tabulações por faixas de renda bastante detalhadas e sem grandes lacunas temporais, e boas estimativas históricas de agregados macroeconômicos".

Os ricos

No capítulo 5, considerado o coração da pesquisa, Souza apresenta o retrato da concentração da renda entre os ricos no Brasil em um período de 87 anos, 1926-2013.

Por definição, em ordem decrescente de renda média per capita na escala da distribuição (ano-base 2013), 'ricos' são o 0,1% dos declarantes, com renda média anual de pouco mais de R$2,8 milhões, e mensal de quase R$235 mil; ou o 1% dos declarantes, com renda média anual de R$636 mil, e mensal de R$53 mil; ou os 5% dos declarantes, com renda média anual de R$230 mil, e mensal de R$19 mil; ou os 10% dos declarantes, com renda média anual de R$140 mil, e mensal de R$12 mil; para os 15% dos declarantes, incluídos também na categoria dos 'ricos', Souza não informa a renda. Os 'não-ricos' são os restantes 85% dos declarantes.

Ele analisa o movimento da renda no interior do universo total dos ricos, mas esclarece que o foco principal da pesquisa é o estrato de renda do 1%. Por que o 1%? — porque, segundo explica, "trata-se de um estrato numeroso e rico o suficiente para ter alta visibilidade e grande capacidade de afetar tanto o nível quanto a dinâmica da desigualdade mesmo quando se considera a distribuição como um todo". Na realidade, esse estrato não é tão numeroso, pois correspondia em 2013 a cerca de 264 mil declarantes do IRPF. Mas é numeroso 'o suficiente' para afetar tanto o nível como a dinâmica da desigualdade da distribuição como um todo.

É perturbador o fato revelado por Souza de que um trabalhador brasileiro, ganhando à época o salário mínimo mensal de R$678, precisaria trabalhar por mais de 28 anos para ganhar R$235 mil, que é o equivalente ao que ganhava em um único mês alguém que integrava o estrato superior do 0,1% de declarantes. Mas era já perturbador havia tempo, especialmente desde que os estudos do grupo Piketty sobre o Brasil vieram a público, amplificando a notícia sobre o tamanho da nossa desigualdade. Por isso, prefiro destacar o fato de que, a partir deste livro, não apenas reforçamos o conhecimento de que somos um dos países mais desiguais do planeta, mas passamos a ter prova científica, nunca antes apresentada, de que a concentração da renda no topo da distribuição, em mãos de um número relativamente pequeno de pessoas, possui uma longa história no Brasil: em 2013, Pedro Ferreira destaca o fato de que fazia já 69 anos que os 10% mais ricos se apropriava de mais de 50% da renda total do país, e os 50% mais pobres ficava somente com pouco mais de 10%. Mais importante: em 40 desses 69 anos, a curva de participação do 1% na renda nacional (estrato representativo dos ricos destacado por Pedro Ferreira) não mostra nenhuma tendência de diminuição ou aumento. De fato, o 1% mantém-se firme na apropriação de 20% a 25% da renda nacional.

Armado da história da dinâmica de longo prazo da nossa desigualdade e seu caráter inercial, Souza derruba facilmente a tese da 'curva Kuznets', que inspirara Geraldo Langoni nos anos 1970, durante a ditadura militar, em sua empreitada para justificar as desigualdades salariais da época. Para Langoni, o aumento da desigualdade era produto natural de um 'contexto de rápido crescimento, urbanização e industrialização', que se experimentava e logo atingiria um ponto, a partir do qual a desigualdade recuaria. Porém, argumenta Souza, "a piora da concentração de renda [assim como o estancamento dessa piora] ocorreu antes das altas taxas de crescimento trazidas pelo 'milagre econômico', tendo piorado anteriormente, "em momento de ajuste recessivo, arrocho salarial, perseguições políticas e violenta reforma institucional". Em outras palavras, Langoni situa a dinâmica de piora da concentração das rendas e o consequente aumento da desigualdade (que, repita-se, deveria ser seguido por inflexão positiva), em um ponto da linha do tempo em que esta piora não podia estar lá, porque já havia estancado um pouco antes! Portanto, longe dos fatos, ele procurava acenar para a opinião pública com a ideia de que era preciso aceitar sacrifícios no presente, em nome da certeza de prosperidade no futuro. Souza fortalece seu argumento, mostrando gráficos de crescimento econômico de outros países, desenvolvidos e em desenvolvimento, em que não há o mais remoto sinal da presença do "U invertido" de Kuznets.

As narrativas benignas, ao atribuírem função determinante a variáveis estruturais na diminuição da desigualdade (tecnologia, aumento de produtividade do trabalho, via qualificação da mão de obra), enxergam somente aquilo que Piketty chama de 'forças convergentes' de longo prazo, atuando no sentido de aproximar os extremos da distribuição. As narrativas de viés marxista, ao atribuírem também peso determinante a variáveis estruturais de longo prazo que, ao contrário, aumentam a desigualdade, enxergam somente as 'forças divergentes', atuando para aprofundar o fosso que separa os extremos da distribuição. Já Souza, seguindo Piketty, parece propor que se avalie a ação destas 'forças' — convergentes ou divergentes — no terreno duro dos dados econômicos, sociais e políticos, em suas curvas de curto e longo prazos; e sugere que, no caso da desigualdade brasileira entre ricos e não ricos, não estaríamos diante de forças convergentes ou divergentes, mas de forças "conservadoras" da situação de desigualdade. Como explicar tal situação? — Ao que nos parece, será desviando o foco de hipóteses gerais quaisquer para o estudo concreto de variáveis institucionais complexas.

Se, por um lado, a curva crítica de Souza sobre a concentração da renda entre os ricos no Brasil nas últimas décadas nos permite proclamar a falsidade da tese langoniana de um futuro menos desigual para o país nos anos 1970, por outro lado, ela permite também proclamar a falsidade da tese petista de que, durante os governos de Lula, o país teria assistido a uma diminuição da desigualdade, com o surgimento de uma nova classe média. Se fosse fato, a concentração teria recuado. E não recuou um milímetro, porque as transferências de renda para os estratos inferiores da distribuição não saíram dos estratos do topo.

A concentração de renda no topo é inercial e relativamente estável. É inercial e estável, porque sua curva representa um movimento constante ao longo do tempo, dentro de uma banda de apropriação da renda que flutua entre os 20% e os 25% da renda nacional. Nesse sentido, é também instável, podendo apresentar eventuais alterações, derivadas das curvas representativas dos subgrupos que a compõem. Em outras palavras, os porcentuais de participação de cada subgrupo mais rico alteram-se para mais ou para menos, sem alterar, fora da banda, o porcentual de participação da totalidade dos 1% no topo. Uma espécie de jogo de soma zero. O mesmo se aplica a todos os estratos da distribuição que compõem o universo dos não ricos. Dado que, nos "anos de ouro" dos governos de Lula, houve um aumento das participações dos 10% mais pobres, simultaneamente a um aumento da participação dos 10% mais ricos na renda nacional, isto demonstra que as transferências de renda para os estratos mais pobres não podem, segundo Souza, ser tomadas como exemplo de redução da desigualdade — não pelo valor pouco expressivo que representam, mas pelo nada de redução da desigualdade que produzem na relação do topo com o restante da distribuição. De qualquer modo, o pesquisador verifica que historicamente há flutuação, pontos da curva de maior ou menor desigualdade; e que, nas duas ditaduras do século passado, 1937 e 1964, houve aumento da desigualdade com o crescimento mais que proporcional das rendas do topo.

Por que a desigualdade não diminui?

Diante da afirmação de Souza de que seus estudos o levam a concluir pela existência de uma 'determinação institucional' para a desigualdade brasileira (não estrutural portanto), devemos nos lembrar sempre de que, por definição, esta desigualdade expressa a contraposição entre o 1% dos mais ricos e os 85% dos não ricos, segundo as definições que deu a estas categorias. Obviamente, se há uma "instituição" determinante da desigualdade brasileira, esta é a dos 'ricos'. Diz ele:

> "Em condições minimamente democráticas, a concentração no topo apresenta forte caráter inercial, pois os mais ricos dispõem de recursos políticos e econômicos que facilitam a organização em grupos capazes de exercer poder de veto e barganhar em posições vantajosas".

Souza acredita na tese de Alston de que houve um aumento da sensibilidade do poder público às demandas dos mais pobres, pondo em marcha programas de inclusão social, mas reafirma que o importante mesmo é pôr em evidência o fato da estabilidade da concentração da renda no topo. E, portanto, não há como falar em guinada redistributiva do Estado brasileiro, como muitos acreditaram. Até porque, esta inclusão ocorreu sem que tivessem sido extirpados antigos privilégios.

Os ricos têm meios legais e transparentes de obter e manter privilégios, via manipulação de instituições. É o caso da expansão das isenções de pagamento do imposto de renda, considerada por Souza o principal fator de aumento da desigualdade no período 2006-2013 — os rendimentos isentos cresceram de 45% para 50% e, com isso, tornaram-se a principal fonte de renda do 1% mais rico; é também o caso da obtenção de crédito subsidiado, mediante acesso aos recursos do BNDES e do FAT (Fundo de Amparo ao Trabalhador), para financiamento de projetos ditos de interesse nacional — como os dos "campeões nacionais". Estes, anunciados como parte de uma estratégia tipo *Brasil Grande*, acabaram, ao fim e ao cabo, juntamente com os seus patrocinadores, no noticiário policial.

É sabido que existem vários *lobbies* corporativos do alto funcionalismo público — uns para agenciarem cargos e salários elevados, mediante barganha política direta com canetas despudoradas; outros para fazerem cumprir promessas salariais não cumpridas, com a ajuda de poderosas bancas advocatícias, que sabem explorar brechas da legislação, fugir das barreiras da isonomia e receber, com processos eficientes e precatórios pacientes, vultosas verbas públicas; há os *lobbies* empresariais, que permeiam toda a máquina governamental — legislativo, judiciário e executivo — para disputar grandes lascas de um dos maiores orçamentos do mundo; e há também os *lobbies* criminosos, agindo totalmente à margem dos códigos. Existe literatura sobre o assunto, como o livro *Inequality, democracy, and growth in Brazil: a country at crossroads of economic development*, de M. Mendes, citado por Souza. Neste texto, o autor discorre sobre os vários caminhos que os mais ricos, em cumplicidade com burocratas inescrupulosos de todas as esferas de poder, dispõem para usar as instituições em benefício do seu estrato social.

Conclusões ambíguas

Depois de guiar o leitor admiravelmente por caminhos pavimentados de dados estatístico-tributários sobre a renda dos brasileiros, Souza o coloca diante de uma verdade demonstrada e, *pour cause*, trágica: a média da concentração da renda entre os ricos no Brasil, calculada em 23% da renda nacional dos últimos 69 anos, é inercial e não há sinais de que possa diminuir no futuro. Por que é trágica? Porque o poder concentrado nas mãos do 1% do topo da distribuição é suficiente para que os mais ricos protejam suas posições, impedindo mudanças no arcabouço institucional vigente, que possam promover redução da desigualdade entre nós. Aliás, Souza afirma que não há registro de casos concretos de países que, partindo de um grau de desigualdade tão alto quanto o do Brasil, tenham avançado de forma gradual e tranquila até o percentual próximo ao de um país europeu típico como a França, ou seja, em torno de 10%.

Sensível ao caráter sistêmico, à complexidade e rigidez natural das instituições sociais, particularmente da instituição mercado, o autor recomenda cautela a quem se sinta justamente indignado com a desigualdade. Ele acha possível operar redistribuição entre as camadas pobres da sociedade, como fizeram os governos de centro-esquerda e esquerda, aumentando renda e reduzindo a pobreza absoluta, mas considera isto mera 'acomodação', nada tendo a ver com o que seria uma verdadeira redistribuição, a redistribuição entre ricos e não ricos. E "dada a intensidade da concentração de renda no topo", ele acha "difícil fugir ao pessimismo quanto à questão distributiva".

Sem a ajuda do conceito de "luta de classes", para nomear suposto fator determinante da desigualdade e da miséria a ser neutralizado, Souza nomeia um combo de fatores: "... o efeito combinado e cumulativo de uma série de políticas e programas, de pequenas e grandes decisões"*; e* adverte que somente palavras retóricas e "vontade política" são insuficientes para vencer este complexo conservador. É verdade que Souza se solidariza com a tese de que, diante desse quadro, somente a ação de forças exógenas extraordinárias, como as desencadeadas pela Segunda Guerra Mundial nos Estados Unidos e na Europa, podem abalar as estruturas sociais, rompendo arcabouços institucionais caducos, para abrir espaço a reformas profundas. Mas compara mal, com este fator de ruptura, a relação verificada entre os ciclos políticos do país e as alterações de curto prazo da nossa curva de desigualdade. Caberia perguntar se não existem exemplos melhores de forças extrainstitucionais que provocaram mudanças sociais profundas. Como as revoluções do século XX, em várias partes do mundo.

Por outro lado, parece equivocado qualificar de loucura uma vontade política que se proponha a neutralizar rapidamente as forças conservadores do *status quo*. Aplicando lógica elementar, o leitor pode ser tentado a perguntar: pode ser chamada também de *loucura* a 'vontade política' que tem estado por detrás da "... série de políticas e programas, de pequenas e grandes decisões" que sustentam a desigualdade crônica do Brasil? Claro que não. Simplesmente fazem parte do jogo, não são 'loucuras', são vontades políticas empenhadas em mantes o *status quo*. Então, o problema não é o fator 'vontade política' enquanto tal; mas o discurso que esta vontade política venha a escolher para se referir ao objetivo de reduzir a desigualdade.

Não pode ser o discurso benigno, porque este nega a existência da polarização e das patologias sociais decorrentes das desigualdades; nem pode ser o discurso apenas crítico, porque este não pode fazer mais do que registrar a provável tragédia anunciada pelo caráter inercial da distribuição das rendas e riquezas entre nós. O que já é muito. Entretanto, a partir da crítica, deve ser um discurso que apresente propostas concretas, que obedeçam a uma estratégia transparentemente assumida, destinada a desfazer o nó de disfuncionalidade econômica e injustiças, representado pela extrema concentração das rendas e riquezas em mãos de poucos que o capitalismo hoje produz.■

Vivement, le socialisme!

Autor: Thomas Piketty
Editora: Edição Seuil, 2020, 322 pág.

Vivement, le socialisme! foi editado pela *Seuil,* Paris, em outubro de 2020. O livro contém as 55 crônicas que Thomas Piketty publicou mensalmente no jornal *Le Monde*, de setembro de 2016 a julho de 2020. Nestas páginas, ele analisa e avalia conjunturas político-econômicas e institucionais da Europa, dos Estados Unidos e de vários outros países, sob o prisma do grande tema da sua militância intelectual, a luta contra a desigualdade econômica. E faz inúmeras propostas de mudanças em políticas econômicas e governamentais.

Dado que é o próprio Piketty quem relativiza o emprego da palavra 'socialismo' para nomear o sistema político-econômico que, segundo ele (na esteira da tradição marxista), deverá suceder a forma de capitalismo concentrador de renda atualmente em vigor, diríamos que o título dispensa o ponto de exclamação. Até porque, se a intenção do autor é comunicar logo de saída o entusiasmo com que assume a tese da superação do capitalismo pelo socialismo, basta o 'vivement' do título, que traduzi por 'enfaticamente'.

A rigor, a ênfase de Thomas Piketty na afirmação da atualidade do socialismo decorre, antes, de cerca de duas décadas das pesquisas econômicas que fez e tiveram como resultado a mais completa atualização do retrato do sistema capitalista, desde Karl Marx, tendo como foco os problemas da desigualdade na distribuição das rendas e dos patrimônios. Além disso, a afirmação de Piketty responde negativamente à reiterada pergunta que não somente a direita, mas também setores progressistas educados têm feito já há décadas: o ideal socialista está morto?

Digamos logo que a resposta socialista de Piketty difere da bolchevique-leninista. Primeiro, porque, mesmo que nesta obra seja somente *en passant*, ele refuta a tese da extinção da instituição-mercado, como ato preliminar de solução para os problemas da desigualdade — em seu socialismo, ao contrário, o mercado permanece como parte da solução dos problemas atuais; depois, porque recusa a ditatura de um partido supostamente representante de uma classe social — seu socialismo propõe-se "participativo e descentralizado, federal e democrático, ecológico, mestiço e feminista".

Contudo, embora necessária para compreendermos o sentido geral das propostas políticas e econômicas que faz, a enfática proclamação da opção pró-socialismo de Piketty, já no título deste livro, não é o fato a ser destacado — temos ouvido muitas e piedosas declarações de amor ao socialismo e de ódio ao capitalismo, no decorrer dos tempos, vindas não somente da esquerda como também dos chamados liberais progressistas! Para Piketty, "não basta ser 'contra', é preciso também e sobretudo ser 'a favor' de outra coisa, o que exige que se descreva com precisão o sistema econômico ideal que se pretenda colocar no lugar do que existe, a sociedade justa que se tem em mente, qualquer que seja o nome que se decida finalmente lhe dar".

Mas Piketty demonstra concretamente que também não basta ser "a favor" de teses e propostas precisas e justas, alternativas ao capitalismo. É necessário ainda "sair da torre de marfim *[representada, no caso dele, pelos livros de mil páginas que escreveu e que o tornaram um economista célebre em todo o mundo]*, para se engajar na vida e no calor da atualidade". Ou seja, para se engajar, (como intelectual orgânico, não de um partido político, mas dos grupos de pessoas e sociedades comprometidos com as causas da razão e das ciências), nas lutas pela construção de um socialismo democrático, universal e federalista em todo o globo.

Piketty qualifica de "tentativas imperfeitas" as crônicas que publicou no *Le Monde*, entre 2016 e 2020. Em que sentido? No sentido de que ele não acredita na eficácia de modelos gestados em cérebros de indivíduos excepcionais; acredita, sim, é no debate econômico e político transparente, e na produção coletiva das ideias e das decisões. Portanto, as suas crônicas não contêm modelos abstratos; apresentam e reiteram posições e propostas a serem debatidas, aprimoradas e, eventualmente, transformadas em leis e implementadas.

De posse de dados consistentes sobre a história presente e passada da distribuição geral das rendas e riquezas do mundo, Thomas Piketty analisou detalhadamente, entre 2016 e 2020, a forma como os governos de vários países da Europa e de outros continentes constituíam e distribuíam os recursos públicos. E, com base nestas análises e em dados anteriormente levantados demonstrando que as riquezas e o poder político estão concentrados em mãos dos mais ricos, constituindo-se por isso no principal fator das desigualdades e das injustiças sociais, Piketty formulou propostas precisas para "fazer circular o poder e a propriedade". Vale destacar nesse seu trabalho a disciplina militante e a consistência das intervenções do autor, ao longo dos últimos anos, embora, por outro lado, seja curioso notar a ausência de contestações racionais ao núcleo das teses de Piketty por parte dos defensores ferrenhos das virtudes do livre mercado. Exceção ao vergonhoso silêncio foi o questionamento feito pelo FMI de mecanismos de desigualdade descritos em *O capital no século XXI*, questionamento que Piketty primeiro saúda, em nome do necessário debate, e depois responde na crônica intitulada *O FMI, as desigualdades e a pesquisa econômica*, de 20 de setembro de 2016. Os mecanismos que o FMI questiona — e que afirmam a existência de relação entre o rendimento do capital *r*, a taxa de crescimento econômico *g* e as desigualdades — formam a pedra angular de todas as propostas de transferências de altas rendas provenientes dos capitais e do trabalho para o capital público; e deste para o financiamento do Estado Social. Daí a importância da resposta.

De fato, "*Vivement, le socialisme!*" constitui registro de objetivos combates pela criação de um imposto sobre grandes fortunas, as heranças, os lucros das grandes empresas, as altas rendas do trabalho e as emissões de carbono por empresas e indivíduos; combates estes travados com base em criteriosas análises de propostas de partidos políticos e governos sobre o assunto. Mas não apenas. Convencido de que a distribuição das riquezas é inseparável da distribuição do poder, Piketty observa que a retomada do Estado Social não basta: "é o conjunto das relações de poder e dominação que é necessário repensar". E, por isso, propõe também mudanças nas formas de representação e decisão dos países no Parlamento Europeu, assim como dos trabalhadores nas estruturas de poder das empresas.

Enfim, *Vivement, le socialisme!* constitui casamento exemplar entre produção teórica e militância, na luta democrática contra as desigualdades.■

Referências bibliográficas

ARANTES, Paulo Eduardo. *Zero à esquerda*. Conrad, São Paulo, 2004.

_____. *O novo tempo do mundo*. Boitempo, São Paulo, 2014.

ARENDT, Hannah. *On revolution*. Viking Press, New York, 1963.

BOBBIO, Norberto. *Direita e esquerda*. Editora UNESP, São Paulo, 1995.

BRESSER-PEREIRA, Luiz Carlos. *Em busca do desenvolvimento perdido*. FGV, São Paulo, 2018.

CARDOSO, Fernando Henrique. *Dependência e desenvolvimento*. Civilização Brasileira, Rio de Janeiro, 2004.

CASTORIADIS, Cornelius. *A instituição imaginária da sociedade*. Paz e Terra, Rio de Janeiro, 1982.

CLARK, T.J. *Por uma esquerda sem futuro*. Editora 34, São Paulo, 2013.

AARÃO REIS FILHO, Daniel e SÁ, Jair Ferreira. *Imagens da revolução*. Expressão Popular, São Paulo, 2006.

FIGES, Orlando, *A tragédia de um povo*. Record, Rio de Janeiro, 1999.

Fundação Perseu Abramo, *Plano de Reconstrução e Transformação do Brasil*. FPA, São Paulo, 2020.

GOMES, Ciro. *Projeto Nacional: o dever da esperança*. Leya, São Paulo, 2020.

LACLAU, Ernesto. *A razão populista*. Três Estrelas, São Paulo, 2013.

MARX, Karl. *Manuscrits de 1844*. Editions Sociales, Paris, 1968.

MERLEAU-PONTY, Maurice. *Les aventures de la dialectique*. Gallimard, Paris, 1955.

PIKETTY, Thomas. *O capital no século XXI*. Intrínseca, Rio de Janeiro, 2014.

_____. *A economia da desigualdade*. Intrínseca, Rio de Janeiro, 2015.

_____. *Vivement, le socialisme!* Seuil, Paris, 2020.

POLANYI, Karl. *A grande transformação — As origens da nossa época*. Campos, Rio de Janeiro, 1980.

SINGER, André. *Os sentidos do lulismo*. Companhia das Letras, São Paulo, 2012.

SOUZA, Pedro H.G. Ferreira. *Uma história de desigualdade*. Hucitec, São Paulo, 2018.

WEFFORT, Francisco C. *Por que democracia?*. Brasiliense, São Paulo, 1984.